Matthias Freitag · Regensburger Straßennamen

Matthias Freitag

Regensburger Straßennamen

Von Abensstraße bis Zwerchpaintstraße

MITTELBAYERISCHE DRUCK- & VERLAGS-GESELLSCHAFT

Die Deutsche Bibliothek – CIP-Einheitsaufnahme

Freitag, Matthias:
Regensburger Strassennamen : von Abensstrasse
bis Zwerchpaintstrasse / Matthias Freitag. - Regensburg :
Mittelbayerische Dr.- und Verl.-Ges., 1997
ISBN 3-931904-05-9

Matthias Freitag
Regensburger Straßennamen
Von Abensstraße bis Zwerchpaintstraße

Umschlag: Philipp Luidl, Diessen a. Ammersee
Satz: Vollnhals Fotosatz, Neustadt/Donau
Herstellung: DONAU DRUCK Regensburg GmbH

ISBN 3-931904-05-9

Vorwort

Straßennamen sind ein Spiegel von Gegenwart und Vergangenheit einer Stadt. Das ist in Regensburg nicht anders als anderswo: Wenn man die Namen der Straßen auf einem Stadtplan oder – wie hier – in einem Verzeichnis durchgeht, kann man viel davon erkennen, wie die Stadt aufgebaut ist und wie sie früher aufgebaut war; man kann aber auch erkennen, wie sie sich selbst sieht und wie sie sich früher gesehen hat. Straßennamen, und dafür sind sie auch gedacht, verschaffen Orientierung – konkret und im übertragenen Sinn.

Da gibt es zum Beispiel Straßen, die zeigen, wie früher die Verkehrsströme verlaufen sind – in Zeiten, als es noch keine modernen Erschließungsachsen, Autobahnzubringer und Ortsumgehungen gab. Es gibt Straßen, die auf längst nicht mehr bestehende Einrichtungen hindeuten, auf Schlösser und Adelssitze, auf Getreidespeicher und Lagerstätten, auf Weinberge und Hopfenfelder. Überhaupt wird an vielen Stellen deutlich, wie anders früher vor allem die Randgebiete der heutigen Großstadt ausgesehen haben müssen. Das ist zwar eigentlich eine Binsenweisheit; trotzdem ist es immer wieder überraschend, mitten in einem Wohn- oder Gewerbegebiet auf einen „Waldweg", einen „Lehenackerweg" oder einen „Mühlweg" zu stoßen. Die ganze ländliche Vergangenheit mit ihren Dörfern und Weilern, Feldern und Wiesen wird lebendig. Und es bleibt nachvollziehbar, daß das Regensburg von heute aus vielen früher selbständigen Gemeinden zusammengesetzt ist, von denen jede ihre eigene Mitte, ihre eigenen Einrichtungen, auch ihr eigenes Selbstbewußtsein hatte.

In besonderer Weise von der Vergangenheit geprägt ist natürlich die Altstadt. Hier steckt hinter beinahe jedem Straßennamen eine Geschichte, die weit in die Jahrhunderte zurückreicht, bis in die Blütezeit Regensburgs im Mittelalter, manchmal auch bis in ihre Frühzeit unter den Römern. Die alten Märkte im Zentrum und die Schiffsanlegestellen an der Donau, die Unmenge kirchlicher Einrichtungen, das Alltagsleben mit seinen Handwerkern und seinen Wirtshäusern – all das ist nicht nur Stein geworden, sondern hat auch Straßen ihren Namen gegeben.

Zu diesen traditionellen Straßennamen kommt die große Zahl derer, die geschaffen wurden, als sich Regensburg gegen Ende des 19. und im Lauf des 20. Jahrhunderts bedeutend vergrößerte. Bei einer neu gebauten Straße, bei deren Bennennung es sich nicht aufdrängt, an Bestehendes oder Früheres anzuknüpfen, ist der Weg frei für Neues. Namen, die so zustande gekommen sind, erzählen nichts über die Vergangenheit, aber dafür umso mehr über die Gegenwart, oder genauer: über die jeweilige Gegenwart, über die Zeit, in der sie eingeführt wurden. Denn die Kriterien, nach denen bei der Auswahl verfahren wird, sind natürlich von der Zeit und den Zeitumständen abhängig. Ob also Straßen nach Schauplätzen von Schlachten benannt werden oder nach Frauenrechtlerinnen, nach Königshäusern oder nach Widerständlern, das hat durchaus einen gewissen Aussagewert über die Denkweise und Befindlichkeit verschiedener Epochen. Die Bandbreite dabei ist beachtlich, schließlich gibt es neue Straßennamen, seit es neue Straßen gibt, also seit den Zeiten, als Regensburg über die mittelalterlichen Stadtgrenzen hinauswuchs. Genau das macht aber das Interessante an dieser Art von Straßennamen aus: Auch sie sind Spiegel, aber weniger von dem, was die Stadt war und ist, sondern mehr von dem, was sie dachte und denkt.

Hier gelangt man schnell an einen Punkt, wo die Straßennamen – jedenfalls manche von ihnen – ihre problematische Seite zeigen. Denn was passiert, wenn eine Sache oder eine Person, die man zu einer bestimmten Zeit zu ehren beschloß, zu einer anderen Zeit in Mißkredit gerät, sei es objektiv durch neue Erkenntnisse, sei es subjektiv durch den zeitbedingten Wandel an Auffassungen und Wertmaßstäben? In besonders krassen Fällen greift man dann gewöhnlich zum Mittel der Umbenennung; schließlich sind Straßennamen ja immer auch eine Art Visitenkarte der Stadt. Nur: Nach welchen Kriterien entscheidet man, was ein „krasser Fall“ ist? Nicht jeder ist schließlich so einfach zu klären, wie zum Beispiel jener der „Adolf-Hitler-Brücke“, die nach 1945 schnell zur „Nibelungenbrücke“ wurde. Letztendlich wird es in diesem Bereich immer Einzelfälle geben, die umstritten sind, je nach persönlicher Weltanschauung. Mit etwas Distanz betrachtet, könnte man aber durchaus sagen, daß das nicht das Schlechteste ist; schließlich werden so Gespräche und Diskussionen angeregt, die die Einwohner einer Stadt dazu bewegen, über individuelle und kollektive Einschätzungen und Urteile, vielleicht ja auch über Fehleinschätzungen und Vorurteile nachzudenken.

Diese Aufgabe kann das vorliegende Buch nicht erfüllen. Es geht hier ausschließlich um Beschreibung, nicht um Bewertung. Und nachdem das Bewerten so eng mit dem Umbenennen verbunden ist, ist in den allermeisten Fällen – von einigen besonders aussagekräftigen Beispielen abgesehen – auch darauf verzichtet worden, frühere Straßennamen anzuführen; denn dies hätte die Notwendigkeit eingeschlossen, zu thematisieren, warum und wann sie durch neue ersetzt wurden. Das Ganze ist letztlich auch eine Frage der Quantität; schließlich gibt es in Regensburg Straßennamen, die bis ins Mittelalter zurückreichen (als ältester Straßenname wird gewöhnlich „Wahlenstraße“ angeführt) und die zu vielen verschiedenen Zeiten viele verschiedene Namen getragen haben. Es soll also genügen, die annähernd zwölfhundert aktuellen Straßennamen vorzustellen.

Verzeichnis der Gruppen

Hinweise zur Benutzung

Bereits bei einem oberflächlichen Blick auf den Stadtplan kann man feststellen, daß die Namen der Straßen nicht beliebig vergeben sind. Oft tauchen sie gruppenweise auf: In einem Stadtviertel geht es zum Beispiel hauptsächlich um Dichter und Schriftsteller, in einem anderen um Maler und Bildhauer, in einem dritten um Pflanzen aus der heimischen Flora und so weiter.

In diesem Buch wird die Einteilung der Straßennamen in Gruppen übernommen. Gehört ein Straßenname zu einer solchen Gruppe, wird im „Verzeichnis der Straßen" darauf verwiesen, und zwar mit einem Stichwort in Anführungszeichen. Ein Beispiel: Klenzestraße: Aus der Gruppe „Bildende Künstler". Unter diesem Stichwort findet sich im „Verzeichnis der Gruppen" dann eine allgemeine Beschreibung der Gruppe, die für alle zugehörigen Straßen gilt. Dabei wurde besonders der Frage nachgegangen, *warum* eine bestimmte Gruppe in einem bestimmten Stadtteil liegt, ob sich irgendwelche historischen, geographischen oder sonstigen Gründe dafür erkennen lassen. Dies ist nicht in allen, aber doch in einer ganzen Reihe von Fällen möglich.

Das „Verzeichnis der Gruppen" ist – ebenso wie das „Verzeichnis der Straßen" – alphabetisch angeordnet. Die Stichwörter sind möglichst passend und prägnant ausgewählt und haben keinen amtlichen oder offiziellen Charakter.

In Gruppen werden allerdings nur Straßennamen zusammengefaßt, die sowohl *thematisch* als auch *räumlich* eine Einheit darstellen und so eine stadtplanerische Absicht erkennen lassen. Eine Gruppe bilden zum Beispiel die Schriftsteller-Straßen in der Ganghofersiedlung; *keine* Gruppe bilden die über das ganze Stadtgebiet verstreuten Flurnamen-Straßen („Haidschlagweg", „Oberer Ehweg", „Am Gern" und so weiter). Sie sind meist historisch zu erklären, in diesem Fall aus Nutzungen und Besitzverhältnissen vergangener Zeiten; sie resultieren nicht aus bewußter, auf Einheitlichkeit, Überschaubarkeit und Systematik bedachter Stadtplanung. Daraus folgt auch, daß es solche Gruppen in der Altstadt *nicht* gibt, da dort sämtliche Bezeichnungen einen historischen und keinen stadtplanerischen Bezug haben. So bilden zum Beispiel die zahlreichen nach Wirtshäusern oder Berufsständen benannten Straßen *keine* Gruppen.

„Bäume“: Im Westen von Regensburg, im Umfeld der Siedlung Margaretenau, sind einige Straßen nach Bäumen benannt. Ähnliche Viertel gibt es in fast jeder Stadt; ein Bezug zu den örtlichen Gegebenheiten ist nicht erkennbar.

„Bayerischer Wald 1: Regental“: Dort, wo die Chamer Straße beginnt, verweisen die Namen einiger Seitenstraßen (so wie die Straße selbst) auf die Zielrichtung der hier beginnenden Fernverbindung. Sie führt ins Regental; deshalb sind die Seitenstraßen nach dort liegenden Orten benannt.

„Bayerischer Wald 2: Vorwald“: Dort, wo die Chamer Straße an Wutzlhofen vorbeiführt, verweisen die Namen einiger Seitenstraßen auf Orte des Bayerischen Vorwalds, des Höhenzugs zwischen Donau- und Regental. Dorthin orientiert sich die Chamer Straße, sobald sie Regensburg verläßt.

„Bayerischer Wald 3: Hochwald“: Dort, wo die Alte Waldmünchener Straße beginnt, verweisen die Namen einiger Seitenstraßen (so wie die Straße selbst) auf die Zielrichtung der hier ehemals beginnenden Fernverbindung. Sie führte in den Bayerischen Wald; deshalb sind die Seitenstraßen nach dortigen Orten, Bergen und ehemaligen Adelsgeschlechtern benannt.

„Befreiungskriege“: Am Ende der Prüfeninger Straße tragen einige Seitenstraßen die Namen von Persönlichkeiten, die während der Befreiungskriege in den Jahren 1813 bis 1815 eine wichtige Rolle in Politik oder Militär spielten. Ein Bezug zu den örtlichen Gegebenheiten ist nicht erkennbar.

„Berlin“: Am Stadtrand im Kasernenviertel sind einige Straßen nach Berliner Stadtteilen benannt. Ein Bezug zu den örtlichen Gegebenheiten ist nicht erkennbar.

„Berühmte Regensburger 1“: In den Stadtvierteln, die östlich der Altstadt seit dem 19. Jahrhundert entstanden sind, tragen viele Straßen die Namen berühmter Persönlichkeiten aus der Regensburger Vergangenheit. So wie die Geschichte der Stadt über die Jahrhunderte hinweg überaus bunt und vielfältig war, so sind hier Individuen und Familien aus ganz unterschiedlichen Zeiten und Verhältnissen vereint, stehen Menschen des Mittelalters neben solchen aus der Moderne, Politiker neben Künstlern und Wissenschaftlern, gebürtige Regensburger neben Auswärtigen, die hier eine wichtige Rolle spielten.

„Berühmte Regensburger 2“: In den Stadtvierteln, die westlich der Altstadt seit dem 19. Jahrhundert entstanden sind, tragen viele Straßen die Namen berühmter Persönlichkeiten aus der Regensburger Vergangenheit. Die Gruppe ist das Pendant zu einer ähnlichen im Osten (vgl.

„Berühmte Regensburger 1“). – Für beide Gruppen gilt, daß sie sich über einen relativ langen Zeitraum hinweg entwickelt haben. Deshalb sind sich nicht ganz so geschlossen wie andere, die – zusammen mit einem neuen Wohnviertel zum Beispiel – in einem Zug angelegt wurden.

„Bildende Künstler“: In Kumpfmühl, Königswiesen und Dechbetten tragen viele Straßen die Namen von Malern, Zeichnern, Bildhauern und Architekten. Die verschiedensten Zeiten und Stilrichtungen stehen nebeneinander, auch Persönlichkeiten von „universeller“ und solche von mehr lokaler und regionaler Bedeutung. Ein Bezug zu den örtlichen Gegebenheiten ist nicht erkennbar.

„Blumen“: An der Grenze zwischen Kasernenviertel und Galgenberg sind einige Straßen nach Blumen benannt. Ähnliche Viertel gibt es in fast jeder Stadt; ein Bezug zu den örtlichen Gegebenheiten ist nicht erkennbar.

„Deutsche Nation“: Die heutige Konradsiedlung wurde auf Initiative des damaligen NS-Oberbürgermeisters Dr. Otto Schottenheim in der Zeit des Dritten Reiches gebaut und hieß daher bis Kriegsende „Schottenheimsiedlung“. Gemäß der Ideologie des nationalsozialistischen Siedlergedankens wurden die Straßen dieses Neubauviertels nach Orten und Landstrichen benannt, die außerhalb des damaligen Reichsgebietes lagen, aber als „deutsch“ angesehen wurden, sowie nach Städten und Regionen, die größtenteils nach dem Ende des Ersten Weltkriegs im 1919 geschlossenen Friedensvertrag von Versailles von Deutschland abgetreten werden mußten. Zusätzlich erinnerte man an Schauplätze bedeutender Schlachten des Ersten Weltkriegs. Nach 1945 wurde die Siedlung in „Konradsiedlung“ umbenannt, die Straßennamen blieben. Als die Siedlung erweitert wurde, wählte man für die neu angelegten Straßen Namen von Gebieten, die nach dem Ende des Zweiten Weltkriegs verlorengegangen bzw. von der deutschen Teilung betroffen waren.

„Donaustädte“: Die Donau ist zu allen Zeiten die Lebensader Regensburgs gewesen, für den Verkehr, für den Handel, für die ganze Wirtschaft; sie hat auch die Richtung vorgegeben, in die man sich hauptsächlich orientierte, nämlich flußabwärts, hinunter in die Länder Südosteuropas. Im heutigen Industrie- und Gewerbegebiet der Stadt, dessen Schwerpunkt immer noch an der Donau liegt, sind deshalb viele Straßen nach Städten benannt, die auf dieser Route liegen, also nach traditionellen Handelspartnern Regensburgs.

„Dorf Harting“: Harting hat sich ursprünglich um einen großen Gutshof entwickelt, der bis zur Säkularisation 1802/10 dem Kloster St. Emmeram gehörte, mit Bauern, die auf dem Hof arbeiteten bzw. Teile der zu ihm gehörenden Besitzungen pachtweise bewirtschafteten – also ein Dorf wie viele andere. Was davon geblieben ist, sind die zahlreichen Flurnamen in der Umgebung, die bis heute an den ländlichen Charakter von einst erinnern. In der Gegenwart sind diese Bezeichnungen auch dazu verwendet worden, um neue Straßen zu benennen, die außerhalb des alten Dorfkerns entstanden sind.

„Eisenindustrie in der Oberpfalz“: Die Oberpfalz war schon frühzeitig eine Region, in der Eisenerz gefördert und verarbeitet wurde; man spricht vom „Ruhrgebiet des Mittelalters“. Nach einer Periode der Stagnation im 17. und 18. Jahrhundert folgte ein neuer Aufschwung: 1853 wurde die Maxhütte gegründet, die Zug um Zug mehrere moderne Standorte aufbaute. An dieser zweiten Blütezeit der oberpfälzischen Eisenindustrie nahm Regensburg weniger Anteil; im Mittelalter und in der frühen Neuzeit dagegen war die Stadt ein wichtiger Handels- und Umschlagplatz gewesen. Auf alte und moderne Standorte der oberpfälzischen Eisenindustrie verweisen einige Straßen in Brandlberg. Ein Bezug zu den örtlichen Gegebenheiten ist nicht erkennbar.

„Erfinder und Entdecker“: Das traditionelle Industrie- und Gewerbegebiet im Osten von Regensburg hat sich in den letzten Jahrzehnten kontinuierlich ausgedehnt, bis nach Harting hinaus. Planmäßig wurde hier auf moderne Zukunftstechnologie gesetzt; sie soll die wirtschaftliche Entwicklung Regensburgs langfristig sichern. Die hier neu angelegten Straßen verweisen mit ihren Namen auf große Erfinder und Entdecker unserer Geschichte.

„Flieger und Flugzeugbauer“: Im Westen von Regensburg entstand ab 1936 ein Werk der „Messerschmitt Flugzeugwerke AG“. Für die Entwicklung der Stadt war dies ein überaus wichtiger Schritt, eine der größten Industrieansiedlungen des 20. Jahrhunderts, die zahlreiche Arbeitsplätze schuf und dem Wirtschaftsleben neue Impulse verlieh. Andererseits entwickelte sich Regensburg damit zu einem bedeutenden Standort der deutschen Rüstungsindustrie. Die Folgen zeigten sich wenige Jahre später: Im Zweiten Weltkrieg, am 17. August 1943, legten US-amerikanische Bomber das Werk in Schutt und Asche; hunderte von Menschen starben. Geblieben sind die Namen der umliegenden Straßen, die von prominenten Fliegern und Flugzeugbauern stammen.

„Flüsse in Bayern“: In Reinhausen und Weichs ist eine ganze Reihe von Straßen nach Flüssen in Bayern benannt. Viele von ihnen befinden sich in der Umgebung von Regensburg; alle zusammen sind sie – direkt oder indirekt – Nebenflüsse der Donau. Die Namengebung erklärt sich aus der Nähe beider Stadtviertel zu Donau und Regen.

„Frauen“: Die berühmten Persönlichkeiten, an die vielerorts erinnert wird, sind fast ausschließlich Männer. Erst in allerjüngster Zeit hat man versucht, auch verdienstvolle Frauen unserer Geschichte bei Benennungen zu berücksichtigen. So tragen im Neubauviertel von Burgweinting die Straßen vorwiegend Namen von Frauen aus verschiedenen historischen Epochen, Frauen von verschiedener Herkunft, Regensburgerinnen (wenige) und Nicht-Regensburgerinnen (viele), Frauen mit den unterschiedlichsten Berufen und Tätigkeiten. Ein Bezug zu den örtlichen Gegebenheiten ist nicht erkennbar.

„Frauen des mittelalterlichen Regensburg": In der Siedlung Westheim tragen einige Straßen die Namen von Frauen, die im Mittelalter gelebt und, als Angehörige hoher und höchster Geschlechter, auf die eine oder andere Weise mit Regensburg, damals noch Hauptstadt von Bayern und Residenzstadt von dessen Herzögen und teilweise sogar von deutschen Königen und Kaisern, in Verbindung gestanden haben. Ein Bezug zu den örtlichen Gegebenheiten ist nicht erkennbar.

„Germanisch-deutsche Volksstämme": Im Kasernenviertel sind einige Straßen nach alten deutschen bzw. germanischen Volksstämmen benannt. Sie erinnern an die frühe deutsche Geschichte, deren Ursprung man in der „vaterländischen" Gesinnung des späten 19. Jahrhunderts bei den alten Germanen suchte (vgl. Gruppe „Militär und Militärs").

„Gründerzeit": Jahrhundertelang endete das bebaute Gebiet Regensburgs mit den mittelalterlichen Befestigungsanlagen. Erst im Zusammenhang mit neuen wirtschaftlichen Impulsen seit dem Anschluß an das Eisenbahnnetz im Jahr 1859 wurden Neubaugebiete erschlossen. Eines der ersten davon, das bis heute seinen Charakter bewahrt hat, entstand jenseits des Ostentors. Die Zeit, als es geplant und angelegt wurde, war die sogenannte Gründerzeit, die Jahre nach der Gründung des Deutschen Reichs 1871. Die Straßennamen erinnern an die Reichsgründung sowie an die siegreichen Schlachten im vorausgegangenen deutsch-französischen Krieg von 1870/71.

„Holz und Holzverarbeitung": Der Regen diente jahrhundertelang zum Transport von Holz. Das Holz wurde im Bayerischen Wald geschlagen und flußabwärts nach Regensburg gebracht; dort, an der Mündung des Regens in die Donau, befanden sich am Ufer verschiedene Lagerplätze. Zwei Straßennamen belegen das noch heute, die „Holzgartenstraße" (in Reinhausen und Weichs) und die Straße „Am Holzhof" (in Steinweg). In der unmittelbaren Umgebung des „Holzhofs" haben etliche Straßen, die in jüngerer Zeit angelegt worden sind, passend dazu Namen bekommen, die im weiteren Sinne mit Holz, Holzverarbeitung und den entsprechenden Gewerben zu tun haben.

„Jagdflieger im Ersten Weltkrieg": Beidseitig der Augsburger Straße befindet sich ein Wohnviertel, das bis heute erkennen läßt, daß es auf eine einheitliche Planung zurückgeht. Es entstand in den 1930er Jahren, während der Zeit des Nationalsozialismus, und bildete, am südlichen Stadtrand gelegen, das Gegenstück zu dem anderen großen Wohnbauprojekt im Norden (vgl. Gruppe „Deutsche Nation"). Dort, in der „Schottenheimsiedlung", schuf man Wohnraum für Regensburger; hier dagegen für die zahlreichen Arbeiterfamilien, die im Zusammenhang mit der seinerzeitigen Gründung des Messerschmitt-Werks neu in die Stadt kamen (vgl. Gruppe „Flieger und Flugzeugbauer"). Bei Messerschmitt wurden Flugzeuge produziert; deshalb erhielt das Viertel als Ganzes nach dem damaligen Reichsminister für Luftfahrt, Hermann Göring, den Namen „Göring-Heim-Siedlung". (Nach 1945 in „Ganghofersiedlung" umbenannt; vgl. Gruppe „Schriftsteller 1"). Auch bei der Benennung mancher Straßen im Viertel stellte man entsprechende Bezüge her und erinnerte an – gefallene – deutsche Jagdflieger des Ersten Weltkriegs.

„Katholisches Regensburg": Regensburg ist seit dem frühen Mittelalter Bischofssitz der katholischen Kirche. An herausragende Persönlichkeiten aus diesem Kontext erinnern verschiedene Straßen in Kumpfmühl und den Galgenberg hinauf. Ein Bezug zu den örtlichen Gegebenheiten ist nicht erkennbar.

„Komponisten und Musiker": Den Galgenberg hinauf tragen etliche Straßen die Namen berühmter Komponisten und Musiker. Persönlichkeiten von „universeller" und solche von mehr regionaler und lokaler Bedeutung stehen nebeneinander. Ein Bezug zu den örtlichen Gegebenheiten ist nicht erkennbar.

„Militär und Militärs": Die Errichtung zweier großer Kasernenanlagen an der Landshuter Straße in den Jahren 1891 und 1909 – die eine, östliche, für das seit 1859 in Regensburg stationierte 11. Bayerische Infanterieregiment „Von der Tann", die andere, westliche, für das 1909 hierher verlegte 2. Bayerische Chevauxlegersregiment „Taxis", also eine Kavallerie-Einheit – prägte die Entwicklung des gesamten Südostens der Stadt für annähernd hundert Jahre: Das „Kasernenviertel" entstand. In den 1930er Jahren kamen vier weitere Kasernen hinzu; sie alle wurden bis vor wenigen Jahren benutzt. Es lag nahe, in einem Viertel, das so nachhaltig vom Militär geprägt war, für die Straßen Namen auszuwählen, die damit in engem Zusammenhang standen; deshalb finden sich um die Kasernen herum Erinnerungen an Generäle und Admiräle, Standortkommandeure und Standorteinrichtungen, Kriegsschauplätze und Kriegshelden. Ganze Kapitel deutscher Militärgeschichte werden hier lebendig.

„Mittelalter in Regensburg": Regensburg war im Mittelalter eine der bedeutendsten Städte in Deutschland. In der Wirtschaft: Regensburg dominierte den Fernhandel; die tonangebenden Bürger- und Patrizierfamilien waren mächtig, stolz und selbstbewußt. In der Politik: Regensburg war Hauptstadt von Bayern und Residenzstadt von dessen Herzögen und teilweise sogar von deutschen Königen und Kaisern. An einige Namen aus diesen glanzvollen Zeiten erinnern verschiedene Straßen in Königswiesen-Süd. Ein Bezug zu den örtlichen Gegebenheiten ist nicht erkennbar.

„Mittelgebirge in Mitteleuropa“: Im Wohnviertel am Sallerner Berg sind die Straßen nach Gebirgszügen in Deutschland und Mitteleuropa benannt. Die Namengebung erklärt sich wohl aus der Lage am Berghang.

„Nibelungen“: Im südlichen Kumpfmühl, in einem Wohnviertel mit Bebauung aus den 1950er Jahren, tragen einige Straßen die Namen von Figuren aus der Nibelungensage. Ein Bezug zu den örtlichen Gegebenheiten ist nicht erkennbar, oder nur ein ganz allgemeiner: Auf ihrem Weg von Worms am Rhein an den Hof von König Etzel sollen die Nibelungen die Donau in der Nähe von Regensburg überquert haben. Deshalb gibt es hier auch eine „Nibelungenbrücke“.

„Politiker des demokratischen Deutschland und Bayern“: In Königswiesen-Süd tragen einige Straßen die Namen wichtiger „Gründerväter“ (und eines ihrer Ahnen, nämlich Otto Wels) aus der Zeit des demokratischen Neuaufbaus in Deutschland und Bayern nach 1945. Ähnliche Viertel gibt es in vielen Städten; ein Bezug zu den örtlichen Gegebenheiten ist nicht erkennbar.

„Römische Götter“: Am Ziegetsberg bestand in römischer Zeit ein Heiligtum zu Ehren des Gottes Merkur. Der Grund: Damals schon führte hier die Fernstraße vorbei, die Regensburg, das römische Legionslager, mit Augsburg, der Provinzhauptstadt, verband. Am Wegesrand stand das Heiligtum, gedacht und genutzt als ein Ort, wo man Merkur, dem Gott der Wege und der Reisenden, seine Verehrung erweisen konnte. In der Nähe des ehemaligen Standorts sind deshalb einige der modernen Straßen nach römischen Göttern benannt, nach Merkur natürlich und nach anderen, die im übertragenen Sinn ebenfalls etwas mit Reise, Bewegung, Durch- und Übergang zu tun haben.

„Schriftsteller 1“: Im Wohnviertel an der Augsburger Straße sind heute die Straßen zum größten Teil nach Schriftstellern des 19. Jahrhunderts aus dem süddeutsch-bayerisch-österreichischen Raum benannt; die Gesamtanlage heißt „Ganghofersiedlung“. Bis zur Umbenennung 1945 hieß das während der Zeit des Nationalsozialismus errichtete Neubauviertel „Göring-Heim-Siedlung“ (vgl. Gruppe „Jagdflieger des Ersten Weltkriegs“); die Straßen trugen ursprünglich überwiegend die Namen von NS-Parteigrößen und „Helden“ aus dem Ersten Weltkrieg (vgl. Gruppe „Jagdflieger im Ersten Weltkrieg“).

„Schriftsteller 2“: Während die Straßennamen in der Ganghofersiedlung und in den südlich anschließenden Vierteln mehr an lokal und regional bedeutende Schriftsteller erinnern (vgl. Gruppe „Schriftsteller 1“), finden sich die von „universeller“ Bedeutung im Inneren Westen, nördlich des mittleren Teils der Prüfeninger Straße. Hier tauchen Namen auf wie Goethe, Schiller, Uhland und so weiter. Ein Bezug zu den örtlichen Gegebenheiten ist nicht erkennbar.

„St. Emmeram in Oberisling": Oberisling war vom Mittelalter bis zur Säkularisation 1802/10 eng an das Kloster St. Emmeram gebunden, das hier weitgehend die Grundherrschaft ausübte. Etliche Straßennamen verweisen deshalb auf Einrichtungen (im historischen Dorfkern) und Persönlichkeiten (in den Neubaugebieten) aus der Geschichte von Kloster und Dorf.

„St. Emmeram in Schwabelweis": Schwabelweis war vom Mittelalter bis zur Säkularisation 1802/10 eng an das Kloster und Reichsstift St. Emmeram gebunden, das hier weitgehend die Grundherrschaft ausübte. Etliche Straßennamen verweisen deshalb auf Einrichtungen und Persönlichkeiten aus der Geschichte des Klosters.

„Städte in Franken": Entlang der Alten Nürnberger Straße und der Frankenstraße verweisen die Namen einiger Seitenstraßen (so wie die Hauptstraßen selbst) auf die Zielrichtung der hier beginnenden Fernverbindung. Sie führt nach Nürnberg und ins Fränkische; deshalb sind die Seitenstraßen nach Städten in Franken benannt.

„Südwestdeutsche Länder": Sallern und Gallingkofen unterstanden jahrhundertelang der Herrschaft der Kurfürsten von der Pfalz; deshalb gibt es dort noch heute einen „Kurpfälzer Weg". Vor diesem Hintergrund hat eine Siedlung in der Nachbarschaft, auf der anderen Seite des Regens in Steinweg, in neuerer Zeit den Namen „Pfälzer Siedlung" erhalten. Die dortigen Straßen sind nach Regionen in Südwestdeutschland, in der Umgebung der Pfalz, benannt.

„Thurn und Taxis 1: Schloß": Die Familie der Fürsten von Thurn und Taxis ist seit der Mitte des 18. Jahrhunderts in Regensburg präsent. Im 19. Jahrhundert entstand auf dem Grund des ehemaligen Klosters St. Emmeram das fürstliche Schloß – seither der dominierende Gebäudekomplex am südlichen Rand der Altstadt. In seiner Umgebung sind verschiedene Straßen nach der Familie bzw. nach Familienangehörigen benannt.

„Thurn und Taxis 2: Hofgarten": Südlich von Kumpfmühl befand sich ab dem Ende des 19. Jahrhunderts ein Hofgarten mit Hofgärtnerei, der der Familie der Fürsten von Thurn und Taxis gehörte. In den 1930er Jahren entstand hier eine kleine Wohnsiedlung. Als Erinnerung an die Vergangenheit erhielt eine der neu angelegten Straßen den Namen „Hofgartenstraße"; die anderen benannte man nach einstmals regierenden Fürsten von Thurn und Taxis.

„Thurn und Taxis 3: Rennplatz": An der Prüfeninger Straße lag früher eine Rennbahn für Pferderennen, die ab 1907 der Familie der Fürsten von Thurn und Taxis gehörte. Das Gelände wurde in den 1990er Jahren bebaut; der alte Namen ist jedoch geläufig geblieben. Hier und in der näheren Umgebung verweisen einige Straßennamen auf diesen Ort des gesellschaftlichen Lebens der Jahrhundertwende.

„Traditionelle Industriestädte in Nordostbayern“: In Haslbach, einem der großen Industrie- und Gewerbegebiete Regensburgs, sind die meisten Straßen nach Städten in Nordostbayern benannt, in denen seit dem 19. Jahrhundert bestimmte traditionelle Industrien ansässig sind. Dazu gehören vor allem die Porzellan- und die Textilindustrie.

„Vögel“: In Reinhausen sind einige wenige Straßen nach heimischen Vogelarten benannt. Ein Bezug zu den örtlichen Gegebenheiten ist nicht erkennbar.

„Wald und Flur“: In Keilberg sind sehr viele Straßen (manche von ihnen befinden sich noch im Planungsstadium) nach der heimischen Flora benannt. Besonders zahlreich sind die verschiedenen Beerensorten vertreten, was wohl mit dem traditionellen Erdbeeranbau zusammenhängt.

„Widerstand“: Innerhalb der großen Gruppe „Berühmte Regensburger 2“ könnte man mancherorts thematische Untergruppen bilden, nach Honoratioren des 19. Jahrhunderts zum Beispiel, nach Naturforschern und Wissenschaftlern oder nach wichtigen Persönlichkeiten des Protestantismus. Sie sind jedoch jeweils relativ klein, so daß darauf verzichtet wurde, sie einzeln darzustellen, bis auf eine Ausnahme: Etliche Straßen in Prüfening tragen die Namen von Vertretern des Regensburger – und, mit Kurt Schumacher, des deutschen – Widerstands gegen den Nationalsozialismus.

Verzeichnis der Straßen

Hinweise zur Benutzung

Das Verzeichnis orientiert sich an dem des „Adreßbuchs Regensburg" für das Jahr 1996/97.

Die Anordnung der Straßennamen ist alphabetisch. Die amtliche Schreibweise für die verschiedenen historischen Persönlichkeiten ist sehr unterschiedlich. Manche sind nur mit Nachnamen genannt (z. B. „Stobäusplatz"), manche mit Vor- und Nachnamen (z. B. „Alfons-Bayerer-Straße"), einige mit Adelsprädikat (z. B. „Von-Schenk-Straße"), andere mit Adelstitel (z. B. „Freiherr-vom-Stein-Straße"), und wieder andere mit akademischem Grad (z. B. „Dr.-Hipp-Straße" oder „Dr.-Johann-Meier-Straße").

Dem amtlichen Straßennamen folgt zum Zweck der Lokalisierung

- der Stadtteil (nach allgemein üblichem Sprachgebrauch),
- der amtliche Stadtbezirk (Kennziffer gemäß „Adreßbuch Regensburg"),
- das Planquadrat (gemäß amtlichem Stadtplan im „Adreßbuch Regensburg"),
- eine kurze Einordung in das umgebende Straßennetz (fallweise).

In etlichen Fällen sind „Stadtteil" und „amtlicher Stadtbezirk" nicht identisch. Die Stadtbezirke sind rein verwaltungstechnische Einteilungen. Deshalb geht ihnen zur leichteren Lokalisierung der im täglichen Sprachgebrauch übliche Name des Stadtteils voraus; dieser orientiert sich mehr an gewachsenen historischen Bezügen. Ein Beispiel: Die Annagasse liegt im amtlichen Stadtbezirk „Großprüfening-Dechbetten-Königswiesen" bzw. – was besser zur Orientierung dient – im Stadtteil „Großprüfening". Oder: Die Uhlandstraße liegt im amtlichen Stadtbezirk „Westenviertel" bzw. im Stadtteil „Innerer Westen".

Die Einordnung in das umgebende Straßennetz bietet eine Zusatzinformation, wenn die anderen Angaben möglicherweise nicht ausreichend sind, um die jeweilige Straße sofort aufzufinden. Sie wird *nicht* vorgenommen 1. bei allgemein bekannten Haupt- und Durchgangsstraßen (z. B. „Furtmayrstraße"), 2. bei Straßen, deren Lage aus dem Namen hervorgeht (z. B. „Bahnhofstraße"), 3. bei Straßen in der Altstadt (z. B. „Gesandtenstraße"), 4. bei Straßen in räumlich klar begrenzten Stadtteilen (z. B. Leoprechting).

Die amtlichen Stadtbezirke sind mit ihren Kennziffern gemäß „Adreßbuch Regensburg" aufgeführt:

❶ Innenstadt
❷ Stadtamhof
❸ Steinweg-Pfaffenstein
❹ Sallern-Gallingkofen
❺ Konradsiedlung-Wutzlhofen
❻ Brandlberg-Keilberg
❼ Reinhausen
❽ Weichs
❾ Schwabelweis
❿ Ostenviertel
⓫ Kasernenviertel
⓬ Galgenberg
⓭ Kumpfmühl-Ziegetsdorf-Neuprüll
⓮ Großprüfening-Dechbetten-Königswiesen
⓯ Westenviertel
⓰ Ober- und Niederwinzer-Kager
⓱ Oberisling-Graß
⓲ Burgweinting-Harting

Die Erläuterung des jeweiligen Straßennamens ist aus Platzgründen so knapp wie möglich gehalten. – Bei Straßen, die mit anderen eine Gruppe bilden, wird als erstes auf das entsprechende Stichwort im „Verzeichnis der Gruppen" verwiesen; dort finden sich zusätzliche Informationen (z. B. Reichsstraße: Aus der Gruppe „Gründerzeit"). – Bei den zahlreichen historischen Persönlichkeiten werden allgemein bekannte Berühmtheiten, die in jedem Lexikon zu finden sind, nur sehr knapp skizziert (z. B. „Goethestraße"), während die aus einem engeren, meist auf Regensburg bezogenen Kontext etwas ausführlicher beschrieben werden (z. B. „Neumannstraße"). – In Einzelfällen werden besondere Sehenswürdigkeiten in oder bei einer bestimmten Straße genannt.

A

Abensstraße (Weichs; ❽ G 7; von der Naabstraße nach O): Aus der Gruppe „Flüsse in Bayern“.

Abt-Adalbert-Straße (Oberisling; ⓱ G 12): Aus der Gruppe „St. Emmeram in Oberisling“. Adalbert, Abt des Klosters St. Emmeram 1149–1177. Er bestätigte 1177 den Bauern von Oberisling ihre Rechte.

Adalbert-Stifter-Straße (Ganghofersiedlung; ⓭ E 10/11): Aus der Gruppe „Schriftsteller 1“. Adalbert Stifter (1805–1868), Schriftsteller in der Tradition der Romantik.

Adlergasse (Altstadt; ❶ F 8c): Eine Familie Adler besaß hier vom 16. bis Anfang des 19. Jahrhunderts ein Anwesen (heute: Adlergasse 1).

Admiral-Hipper-Straße (Kasernenviertel; ⓫ G 9/10; zwischen Graf-Spee-Straße und Hornstraße): Aus der Gruppe „Militär und Militärs“. Franz von Hipper (1863–1932), Offizier der deutschen Marine, Teilnehmer des Ersten Weltkriegs, beteiligt an der Schlacht am Skagerrak (1916).

Admiral-Scheer-Straße (Kasernenviertel; ⓫ G 9; zwischen Graf-Spee-Straße und Hornstraße): Aus der Gruppe „Militär und Militärs“. Reinhard Scheer (1863–1928), Offizier der deutschen Marine, Teilnehmer des Ersten Weltkriegs, Kommandant in der Schlacht am Skagerrak (1916).

Adolf-Schmetzer-Straße (Innenstadt/Ostenviertel; ❶ ❿ G/H 8): Aus der Gruppe „Berühmte Regensburger 1“. Adolf Schmetzer (1854–1943), gebürtig aus Frankfurt am Main, in jungen Jahren nach Regensburg. Stadtbaurat und Leiter des Stadtbauamts 1897–1924.

Adolph-Kolping-Straße (Altstadt; ❶ F 8b/d): Adolph Kolping (1813–1865), katholischer Theologe, Gründer von Gesellenvereinen mit sozialer und erzieherischer Ausrichtung, aus denen später die Kolpingfamilie und das Kolpingwerk hervorgingen. – Bezug: Beidseitig der Straße erstreckt sich der Komplex des Kolpinghauses.

Ägidiengang (Altstadt; ❶ F 8c)/**Ägidienplatz** (Altstadt; ❶ F 8c): Hier befand sich die Kommende St. Ägidius des Deutschen Ordens, auch „Deutsches Haus“ genannt, gegründet 1210, säkularisiert und aufgelöst 1802/09. Der Besitz – mitsamt der **Kirche St. Ägidius** – ging in der Folge durch verschiedene Hände; Teile davon gehören heute der Regierung der Oberpfalz, andere Teile wurden dem Orden zurückgegeben.

Äußere Wiener Straße (Ostenviertel; ❿ K/L/M 8/9): Aus der Gruppe „Donaustädte“. Fortsetzung der Wiener Straße stadtauswärts.

Agnes-Miegel-Weg (Burgweinting; ⓲ I 12; im W des Neubaugebiets): Aus der Gruppe „Frauen". Agnes Miegel (1879–1964), Schriftstellerin mit starkem thematischem Bezug zu ihrer ostpreußischen Heimat.

Agnesstraße (Westheim; ⓯ C 7): Aus der Gruppe „Frauen des mittelalterlichen Regensburg". Agnes (1025–1077), zweite Gattin König bzw. Kaiser Heinrichs III., der auch Herzog von Bayern war.

Agricolaweg (Äußerer Westen; ⓯ D 8; von der Boessnerstraße nach O): Aus der Gruppe „Berühmte Regensburger 2". Christoph Ludwig Agricola (1665–1724), gebürtig aus Regensburg. Maler des Barock, tätig in Nürnberg und Augsburg, in Italien, Frankreich, Holland und England.

Ahornweg (geplant) (Keilberg; ❻ L 6): Aus der Gruppe „Wald und Flur".

Akazienweg (Keilberg; ❻ L 6): Aus der Gruppe „Wald und Flur".

Albergerstraße (Gallingkofen; ❹ F 5): Das adelige Geschlecht der Alberger herrschte im 15. und 16. Jahrhundert in Sallern und Gallingkofen (vgl. „Sallerergasse", „Gallingkofen").

Alberichstraße (Kumpfmühl; ⓭ E/F 10; zwischen Am Vitusbach und Fikentscherstraße): Aus der Gruppe „Nibelungen".

Albertstraße (Innenstadt; ❶ F 9): Aus der Gruppe „Thurn und Taxis 1: Schloß". Albert von Thurn und Taxis (1867–1952), regierender Fürst 1885–1952, Ehrenbürger der Stadt Regensburg 1950. – Am östlichen Ende der Albertstraße lagen früher (nördlich) der protestantische und (südlich) der katholische Petersfriedhof. Dessen Kapelle, das sogenannte **Peterskirchlein**, ist noch erhalten.

Albertus-Magnus-Platz (Altstadt; ❶ F 8c)/**Albertus-Magnus-Straße** (Galgenberg; ⓬ F 10/11; zwischen Universitätsstraße und Galgenbergstraße): Albertus Magnus (1193–1280), Theologe, Philosoph, Naturforscher; Lehrer im Dominikanerkloster in Regensburg (vgl. „Prediger-gasse") 1237–1240, Bischof von Regensburg 1260–1262.

Alexander-Ferdinand-Straße (Kumpfmühl; ⓭ E 10; von der Hofgartenstraße nach S): Aus der Gruppe „Thurn und Taxis 2: Hofgarten". Alexander Ferdinand von Thurn und Taxis (1704–1773), regierender Fürst 1739–1773, Prinzipalkommissar am Immerwährenden Reichstag in Frankfurt 1743–1745 und in Regensburg 1748–1773.

Alfons-Auer-Straße (Kasernenviertel/Galgenberg; ⓫ ⓬ G 9/10; von der Furtmayrstraße nach S): Aus der Gruppe „Berühmte Regensburger 1". Alfons Auer (1857–1910), gebürtig aus Aholfing/Niederbayern, ab 1882 in Regensburg. Zweiter Bürgermeister 1903–1910; Oberbürgermeister 1910.

Alfons-Bayerer-Straße (Prüfening; ⓯ B 8): Aus der Gruppe „Widerstand". Alfons Bayerer (1885–1939), gebürtig aus Gergweis/Niederbayern, ab 1920 in Regensburg. Politiker (SPD), Mitglied des bayerischen Landtags 1923–1933. Während der Zeit des Nationalsozialismus war Bayerer mehrfach im Konzentrationslager Dachau und jahrelang im Zuchthaus in Haft. Er starb kurz nach seiner Freilassung an den Folgen der Haft.

Alfons-Sigl-Straße (Keilberg; ❻ L 5/6): Alfons Sigl (1887–1932), nach der Fertigstellung der Pfarrkirche St. Michael (1930) erster Pfarrer von Keilberg (das vorher zum Pfarrsprengel Irlbach gehört hatte).

Alice-Salomon-Weg (Burgweinting; ⓲ I 12; im S des Neubaugebiets): Aus der Gruppe „Frauen". Alice Salomon (1872–1948), Sozialpädagogin und Frauenrechtlerin.

Alkoferstraße (Ostenviertel; ❿ H 9; von der Alten Straubinger Straße nach N): Aus der Gruppe „Berühmte Regensburger 1". Franziska Alkofer, Gründerin einer sozialen Stiftung.

Altdorferplatz (Altstadt; ❶ F 8d)/**Altdorferstraße** (Innerer Westen; ⓯ D/E 7; zwischen Gumpelzhaimerstraße und Clermont-Ferrand-Allee): Aus der Gruppe „Berühmte Regensburger 2". Albrecht Altdorfer (ca. 1480–1538), gebürtig aus Regensburg. Maler und Graphiker. Mitglied des Äußeren und des Inneren Rats; Stadtbaumeister.

Alte Manggasse (Altstadt; ❶ F 8c): Hier befand sich ab 1462 eine „Mang", eine maschinelle Vorrichtung zum Glätten von Stoffen und Tuchen. Eine zweite wurde 1665 eingerichtet; deshalb „*Alte* Mang".

Alte Nürnberger Straße (Steinweg/Pfaffenstein; ❸ E/F 7; nördlich parallel zur Frankenstraße): Benannt nach dem Zielort. Eine der traditionellen mittelalterlichen Ausfallstraßen; Beginn (nach Überquerung der Donau) der historischen Fernverbindung nach Nürnberg. (Zur Route nach Nürnberg vor dem Bau der Steinernen Brücke vgl. „Am Prebrunntor".) Die Straße wird heute von der Autobahntrasse unterbrochen; jenseits davon ist ihr Verlauf wieder nachvollziehbar (vgl. „Nürnberger Straße").

Alte Straubinger Straße (Ostenviertel; ❿ H/I 9; von der Straubinger Straße nach O): Ehemaliger Teil der Straubinger Straße, die um 1900 wegen ständiger Hochwassergefahr an dieser Stelle unterbrochen und ein Stück südwärts umgeleitet wurde. (Zum historischen Bezug vgl. „Straubinger Straße".)

Alte Waldmünchener Straße (Reinhausen; ❼ G 6/7; von der Donaustaufer Straße nach NO): Benannt nach dem Zielort. Eine der traditionellen mittelalterlichen Ausfallstraßen; Beginn (nach Überquerung von Donau und Regen) der historischen Fernverbindung nach Waldmünchen.

Altenthal (Burgweinting; ⓲ K 12; im O des Neubaugebiets): Die ersten Straßen im Neubaugebiet Burgweinting wurden einfach „Langer“ und „Kurzer Weg“ genannt. In einer zweiten Etappe der Namengebung orientierte man sich an der landschaftlichen Umgebung bzw. verwendete – wie hier – Flurnamen.

Alter Kornmarkt (Altstadt; ❶ F 8d): Hier befand sich früher der Getreidemarkt, bis er 1830 auf den Haidplatz verlegt wurde; deshalb „*Alter* Kornmarkt“. – Im frühen Mittelalter, als Regensburg Hauptstadt von Bayern und Residenzstadt von dessen Herzögen und teilweise sogar von deutschen Königen und Kaisern war, stand hier deren Residenz, die Pfalz. Bauliche Überreste: der **Herzogshof**, die **Alte Kapelle** (vgl. „Kapellengasse“) und der sogenannte **Römerturm**.

Altheimerweg (Innerer Westen; ⓯ D 7; vom Weinweg nach N): Aus der Gruppe „Berühmte Regensburger 2“. Joseph Altheimer (1860–1913), gebürtig aus Aystetten/Schwaben, 1891–1913 in Regensburg. Lehrer für Kunsterziehung am Alten Gymnasium (heute: Albertus-Magnus-Gymnasium) 1891–1912; Maler zwischen Spätromantik und Impressionismus.

Altmannstraße (Kasernenviertel; ⓫ H 9; zwischen Plato-Wild-Straße und Walderdorffstraße): Aus der Gruppe „Berühmte Regensburger 1“. Bürger- und Patrizierfamilie des Mittelalters. Ihr Wohnhaus befand sich am Haidplatz (heute: Haidplatz 1, „Neue Waag“).

Altmühlstraße (Reinhausen; ❼ G/H 6/7; zwischen Donaustaufer Straße und Isarstraße): Aus der Gruppe „Flüsse in Bayern“.

Am alten Schlag (Graß; ⓱ E 12): Flurname. Verweis auf frühere forstwirtschaftliche Nutzung.

Am Bergl (Burgweinting; ⓲ I 12; im O des Neubaugebiets): Die ersten Straßen im Neubaugebiet Burgweinting wurden einfach „Langer“ und „Kurzer Weg“ genannt. In einer zweiten Etappe der Namengebung verwendete man Flurnamen bzw. orientierte sich – wie hier – an der landschaftlichen Umgebung.

Am Beschlächt (Oberer/Unterer Wöhrd; ❶ F 8a/b): Benannt nach der Lage. Mit dem „Beschlächt“, einem Damm zwischen Oberem und Unterem Wöhrd, versuchten die Regensburger ab 1388, das Donauwasser zum größten Teil im südlichen Donauarm zu halten. Damit wollte die Freie Reichsstadt Regensburg der bayerischen Stadt Stadtamhof das Wasser abgraben und sie vom Profit an der lukrativen Handelsschiffahrt ausschließen. (Vgl. auch „Wehrlochweg“.)

Am Blumenrain (Prüfening; ⓯ B 8): Flurname. Verweis auf den früheren naturnahen Charakter der Gegend.

Am Brandlberg (Brandlberg; ❻ I/K 5/6): Hauptstraße des ehemals nicht zu Regensburg gehörigen Dorfs Brandlberg. Brandlberg, 1760 zum ersten Mal erwähnt, wurde 1924 nach Regensburg eingemeindet. Der Name weist darauf hin, daß die Ansiedlung durch Brandrodung einer bewaldeten Anhöhe entstanden ist.

Am Brixener Hof (Altstadt; ❶ F 8d): In einem der Anwesen (heute: Am Brixener Hof 6) befand sich der Wohnsitz, den der Bischof von Brixen im frühen Mittelalter bei Besuchen in der Haupt- und Residenzstadt Regensburg (vgl. „Alter Kornmarkt") nutzte. (Vgl. auch „Salzburger Gasse".)

Am Brückenbasar (Stadtamhof; ❷ F 7): Benannt nach der Lage. Nach ihrer Zerstörung durch Kriegseinwirkung 1809 (vgl. „Österreicherweg") wurde die Hauptstraße von Stadtamhof planmäßig wieder aufgebaut. Zur optischen Abrundung entstand an ihrem südlichen Ende 1825 ein niedriger Bau mit verschiedenen Geschäften.

Am Brückenfuß (Stadtamhof; ❷ F 7): Nach der Lage am nördlichen Ende der Steinernen Brücke.

Am Buchenfeld (Neuprüll; ⓭ E 11): Flurname. Verweis auf den früheren naturnahen Charakter der Gegend.

Am Dreifaltigkeitsberg (Steinweg; ❸ F 6/7): Benannt nach der Lage. Auf der Anhöhe nördlich von Steinweg errichteten die Bürger von Stadtamhof und Steinweg nach dem Ende der Pestepedemie von 1713 eine **Kirche zur Hl. Dreifaltigkeit** (1713–1715). In der Folge wurde die Anhöhe, die zuvor „Geiersberg" oder „Osterberg" geheißen hatte, immer häufiger nach der Kirche benannt.

Am Eisenbahndamm (Weichs; ❽ I 7): Nach der Lage an der Eisenbahntrasse.

Am Europakanal (Steinweg/Pfaffenstein; ❷ E/F 7): Benannt nach der Lage. Die Freifläche nördlich von Stadtamhof, der Protzenweiher (vgl. „Am Protzenweiher"), wird seit den 1970er Jahren von einem Kanal durchschnitten, auf dem die moderne Donauschiffahrt das Hindernis der Steinernen Brücke umfahren kann.

Am Feuerwehrhaus (Keilberg; ❻ L 5): Nach der Lage am Feuerwehrhaus von Keilberg.

Am Flachlberg (Konradsiedlung; ❺ H/I 6; zwischen Gnesener Straße und Königshütter Straße): Flurname. Hans Flachl, Bürger von Stadtamhof, besaß in der hiesigen, leicht hügeligen Gegend im 17. Jahrhundert ein Grundstück. – Ab 1935 entstand hier der zweite Bauabschnitt der Konradsiedlung. (Vgl. auch „Harthofer Weg", „Im Reichen Winkel", „Sandgasse".)

Am Gern (Sallerner Berg; ❹ G 6): Flurname. Verweis auf den Zuschnitt eines Grundstücks („Gern" = „Spitze", „Zwickel").

Am Gries (Stadtamhof; ❷ F/G 7): „Gries" = „flaches, sandiges Ufer". Nach der Lage am nördlichen Donauufer. Hier wohnten traditionell Schiffer und Fischer.

Am Gutshof (Harting; ⓲ M 12): Nach der Lage am ehemaligen Gutshof von Harting. (Vgl. auch Gruppe „Dorf Harting".)

Am Hochbehälter (Pfaffenstein; ❸ E/F 7; von Am Pfaffensteiner Hang nach NO): Nach der Lage am ältesten Hochbehälter des Regensburger Wasserversorgungssystems, angelegt 1874/75.

Am Hölzl (Keilberg; ❻ L 5): Flurname. Verweis auf die Lage am Waldrand.

Am Holzhof (Steinweg; ❸ F 6/7; von der Lappersdorfer Straße nach O): Nach der Lage an der historischen Lagerstätte für das auf dem Regen vom Bayerischen Wald nach Regensburg geflößte Holz. (Vgl. auch Gruppe „Holz und Holzverarbeitung".)

Am Judenfeld (Sallern; ❼ G 6; von der Bergstraße nach W): Die mittelalterliche jüdische Gemeinde von Regensburg besaß hier einen ihrer Friedhöfe. Nach dem Pogrom von 1519 (vgl. „Neupfarrplatz") machten sich einige der aus Regensburg vertriebenen Juden in Sallern ansässig; 1577 wurden sie auch von hier vertrieben.

Am Judenstein (Altstadt; ❶ E 8b): Hier, an der Nordostecke eines Schulgebäudes, befindet sich ein mittelalterlicher jüdischer Grabstein. Er wurde beim Pogrom von 1519 (vgl. „Neupfarrplatz"), als nicht nur das Viertel der Juden, sondern auch ihre Friedhöfe zerstört wurden, als eine Art Trophäe von einem der an der Aktion Beteiligten bei sich zu Hause aufgestellt – von Albrecht Altdofer (vgl. „Altdorferplatz/-straße"). Ähnliche „Judensteine" gibt es in Regensburg an vielen Stellen.

Am Katzenbühl (Harting; ⓲ M 12): Aus der Gruppe „Dorf Harting". Zur Erläuterung: „Bühl" = „Hügel".

Am Keilstein (Keilberg; ❻ L 6): Nach der Lage am Keilstein, dem Südhang der Hochfläche von Keilberg.

Am Keilsteiner Hang (Schwabelweis; ❾ K/L/M 7): Nach der Lage am Hang des Keilsteins, des südlichen Endes der Hochfläche von Keilberg.

Am Königshof (Altstadt; ❶ F 8d): Hier bestand im frühen Mittelalter, als Regensburg Haupt- und Residenzstadt war (vgl. „Alter Kornmarkt"), ein geschlossener Komplex königlichen Besitzes, der sogenannte „Latron". (Vgl. auch „Königstraße".)

Am Kreuzhof (Ostenviertel; ❿ M 9/10; von der Straubinger Straße nach N): Benannt nach der Lage. Hier befand sich vom Mittelalter bis ins 19. Jahrhundert ein Gutshof, der dem Dominikanerinnenkloster Heilig Kreuz (vgl. „Kreuzgasse") gehörte. Die romanische **Kapelle** existiert noch.

Am Kumpfmühler Kastell (Kumpfmühl; ⓭ E 9; zwischen Asamstraße und Oberländerstraße): Benannt nach der Lage. Hier befand sich im 1. und 2. Jahrhundert das erste römische Kastell in der Gegend von Regensburg. Nach seiner Zerstörung durch feindliche Germanen um 170 wurde es im Jahr 179 durch ein großes Legionslager namens Castra Regina ersetzt; aus ihm entwickelte sich in der Folge die Stadt Regensburg.

Am Mühlbach (Kumpfmühl, ⓭ E 9/10; zwischen Gutenbergstraße und Hofgartenweg): Benannt nach der Lage. Der Stadtbach (vgl. „Am Vitusbach") trieb hier vom Mittelalter bis 1919 eine Mühle an. Ihr Name – Kumpfmühle – gab dem benachbarten Dorf seinen Namen (vgl. „Kumpfmühler Straße").

Am Mühlberg (Gallingkofen; ❹ G 4/5): Nach der Lage am Hang des Mühlbergs, einer kleinen Erhebung nordöstlich von Gallingkofen.

Am Nordheim (Konradsiedlung; ❺ H 5/6; zwischen Taunusstraße und Teplitzer Straße): Benannt nach der Lage. Früher verlief hier die nördliche Bebauungsgrenze der Konradsiedlung.

Am Ölberg (Altstadt; ❶ F 8c): Hier befand sich, im Garten des Dominikanerklosters (vgl. „Predigergasse"), früher eine Holzskulptur, die eine Ölberg-Szene (betender Christus und schlafende Jünger im Garten Gethsemane) darstellte. Sie wurde im 19. Jahrhundert entfernt.

Am Ostbahnhof (Ostenviertel; ❿ I 10): Nach der Lage am Bahnhof Regensburg-Ost.

Am Peterstor (Altstadt; ❶ F 8d/9): Benannt nach der Lage. Das Peterstor (nach der im Mittelalter südlich benachbarten Kapelle Weih St. Peter) war bis zu seinem Abbruch im 19. Jahrhundert der traditionelle Ausgang aus Regensburg in südlicher Richtung. Hier begannen die Fernverbindungen nach Landshut (Alternative: Ostentor) (vgl. „Landshuter Straße") und nach Augsburg (Alternative: Jakobstor) (vgl. „Augsburger Straße").

Am Pfaffensteiner Hang (Pfaffenstein; ❸ E/F 7; nördlich parallel zur Frankenstraße): Nach der Lage am Hang der Winzerer Höhen in Pfaffenstein. – Der ehemals nicht zu Regensburg gehörige Ort Pfaffenstein, 1320 zum ersten Mal erwähnt, wurde 1924 nach Regensburg eingemeindet. Der Name verweist auf das felsige Gelände und auf die früheren Grundherren , das Domstift und das Kloster St. Emmeram.

Am Pflanzgarten (Prüfening; ⓯ A/B 9): Benannt nach der Lage. In einem der Anwesen (heute: Am Pflanzgarten 18) befindet sich (und befand sich wohl auch früher schon) eine Gärtnerei.

Am Prebrunntor (Altstadt; ❶ E 8): Benannt nach der Lage. Das **Prebrunntor** (nach der westlich benachbarten Siedlung Prebrunn; vgl. „Prebrunnstraße") war früher (zusammen mit dem Jakobstor) der traditionelle Ausgang aus Regensburg in westlicher Richtung. An beiden Stellen begannen nicht nur die Wege nach Prüfening (vgl. „Hochweg", „Prüfeninger Straße"), sondern ursprünglich vor allem auch die Fernverbindung nach Nürnberg. Sie verlief im frühen und hohen Mittelalter über Prüfening und die dortige Donaufähre (vgl. „Fährenweg"); erst mit der Fertigstellung der Steinernen Brücke 1146 wurde sie auf das nördliche Donauufer verlegt (vgl. „Alte Nürnberger Straße"). In der Folge verlor das Prebrunntor seine Bedeutung; im 17. Jahrhundert wurde es aus verteidigungstechnischen Gründen verbaut.

Am Protzenweiher (Stadtamhof; ❷ F 7): Benannt nach der Lage. Die Freifläche, die vor dem Bau des Europakanals (vgl. „Am Europakanal") zwischen Stadtamhof und Steinweg bestand, war früher eine feuchte und sumpfige Flutmulde. Hier lebten zahlreiche Kröten („Protz" = „Kröte").

Am Römling (Altstadt; ❶ F 8a): Ursprünglich Hausname für das Anwesen, das die Gasse nach Norden optisch abschließt (heute: Am Römling 2a). Dessen Vorderseite mit seiner schmalen Fassade ließ an einen schmalen Streifen, einen „Riemen" denken. Aus „Riemling" wurde, in dialektgefärbter Aussprache, „Römling".

Am Sallerner Berg (Sallerner Berg; ❹ G 6): Nach der Lage am Hang des Sallerner Bergs.

Am Sandberg (Sallerner Berg; ❹ G 6): Nach der Lage am Hang des Sandbergs, einer kleinen Erhebung östlich des Sallerner Bergs.

Am Schallern (Altstadt; ❶ F 8a): In der Stadtmauer, die Regensburg früher auch zur Donau hin begrenzte, gab es hier einen „Schalter", eine Luke oder Durchreiche, durch die man Waren von den Lagerplätzen am Donauufer (vgl. „Donaulände", „Holzländestraße", „Am Wiedfang", „Am Weinmarkt") ins Stadtinnere bringen konnte.

Am Schindergraben (Gallingkofen; ❹ F/G 4): Flurname. Hier ging früher ein Schinder, ein Abdecker, der verendete Tiere abhäutete, seinem Gewerbe nach. Schinder lebten und arbeiteten grundsätzlich am Rand bestehender Siedlungen; ihr Beruf galt als unehrenhaft. (Vgl. auch „Schelmengraben".)

Am Schmiedberg (Gallingkofen; ❹ G 5): Flurname. Verweis auf die örtlichen Gegebenheiten am Hang des Sallerner Bergs und auf einen ehemaligen Grundbesitzer.

Am Schulbergl (Altstadt; ❶ F 8a): Auf einem der Anwesen (heute: Am Schulbergl 7) wurde 1868/69 ein neues, großzügiges städtisches Schulhaus errichtet. In der Folge bürgerte sich für die leicht ansteigende Gasse, die daran vorbeiführte, ein dazu passender Name ein.

Am Singrün (Altstadt; ❶ E 8b): Hier muß es früher wohl eine immergrüne Pflanze ("sin" = „immer") gegeben haben.

Am Stärzenbach (Altstadt; ❶ G 8): Hier verlief früher ein Teil des Stadtbachs (vgl. „Am Vitusbach"), eine Abzweigung des Hauptlaufs, der die Obere und die Untere Bachgasse durchquerte (vgl. „Obere/Untere Bachgasse"). Weil die Gasse so schmal war, war das Bachbett mit begehbaren Platten bedeckt („Stärzen" = „Platten").

Am Vitusbach (Kumpfmühl; ⓭ E 10; zwischen Hofgartenweg und Karthauser Straße): Nach der Lage am Stadtbach. Er entspringt im Bereich des ehemaligen Klosters St. Vitus in Prüll (vgl. „Karthaus-Prüll") und fließt nordwärts zur Donau. Dabei durchquert er Kumfpmühl (vgl. „Am Mühlbach") und, aufgezweigt in verschiedene Läufe, die Altstadt (vgl. „An der Hülling", „Obere/Untere Bachgasse", „Am Stärzenbach", Vor/Hinter der Grieb"). Heute ist er fast durchgehend ins Kanalisationssystem verlegt.

Am Vogelberg (Gallingkofen/Ödenthal; ❹ G/H 3/4): Nach der Lage am Vogelberg, einer kleinen Erhebung zwischen Gallingkofen und Ödenthal.

Am Vogelherd (Keilberg; ❻ K/L 6): Flurname. Verweis auf den naturnahen Charakter der Gegend.

Am Weichser Anger (Weichs; ❽ G 7/8; von der Johannisstraße nach S): Nach der Lage in unbebautem (weil hochwassergefährdetem) Gelände in Weichs.

Am Weinmarkt (Altstadt; ❶ F 8a): Früher der Platz, wo Wein verkauft wurde. Hier, an der Donau, war die Anlegestelle für die Handelsschiffe, die Wein transportierten, die Weinlände, und gleich daneben die Lagerhalle, der **Weinstadel**. (Vgl. allg. „Donaulände".)

Am Wiedfang (Altstadt; ❶ F 8a/b): Hier, an der Donau, war im frühen und hohen Mittelalter ein Holzlagerplatz („Wied" = „Holz"; „Fang" bzw. „Fand", von „finden", = „Ernte", „Ertrag"), und zwar bei der Anlegestelle für Handelsschiffe, die Holz transportierten (vgl. allg. „Donaulände"). Die beiden Einrichtungen wurden später ein Stück flußaufwärts verlegt (vgl. „Holzländestraße").

Am Winterhafen (Unterer Wöhrd; ❶ G 8): Nach der Lage am ehemaligen Winterhafen der „Ersten Kaiserlich-Königlich Privilegierten Donau-Dampfschiffahrtsgesellschaft" aus Österreich, die im 19. Jahrhundert eine flußabwärts führende Schiffahrtslinie betrieb. (Vgl. auch „Werftstraße".) Der Winterhafen wurde 1910 im Zusammenhang mit der Eröffnung des Luitpold-Hafens (vgl. „Prinz-Ludwig-Straße") geschlossen, das Hafenbecken 1967 verfüllt.

Am Wurzgarten (geplant) (Weichs; ❽ G 7): Flurname. Verweis auf frühere landwirtschaftliche Nutzung („Wurz" = „Gemüse"). Weichs mit seinem fruchtbaren Boden war im 19. und zu Beginn des 20. Jahrhunderts eines der wichtigsten deutschen Anbaugebiete für Gemüse und, vor allem, für Rettich. (Vgl. auch „Gärtnerstraße“, „Weichser Radiweg“.)

Am Zieget (Ziegetsdorf; ⓭ D 11; von der Augsburger Straße nach W): Flurname. Verweis auf den früheren Bewuchs der Gegend („Zige“ = „Kiefer“; „Zieget“ = „Kiefernwald“). Der Wald lag auf einer Anhöhe, deshalb „Ziegets*berg*“. Seit 1805 besteht hier eine Siedlung, deshalb „Ziegets*dorf*“.

Amberger Straße (Reinhausen/Sallern/Gallingkofen; ❹ ❼ F/G 3/4/5/6): Benannt nach dem Zielort. Eine der traditionellen mittelalterlichen Ausfallstraßen; Beginn (nach Überquerung von Donau und Regen und nach Durchquerung von Reinhausen) der historischen Fernverbindung nach Amberg.

Amperstraße (Reinhausen; ❼ H 6; von der Isarstraße nach S): Aus der Gruppe „Flüsse in Bayern“.

Amselweg (Reinhausen; ❼ G 6; vom Röhrlbergweg nach W): Aus der Gruppe „Vögel“.

An den Klostergründen (Prüfening; ⓯ A/B 8): Flurname. Verweis auf den früheren Grundbesitzer, das nahegelegene Kloster Prüfening (vgl. „Prüfeninger Schloßstraße“).

An den Weichser Breiten (Weichs; ❽ H 7; zwischen Weichser Weg und Vilsstraße): Flurname. Verweis auf die frühere Zugehörigkeit der Gegend zum Schloß Weichs (vgl. „Weichser Schloßgasse“).

An der Brunnstube (Dechbetten; ⓮ B/C 9; von der Ziegetsdorfer Straße nach W): Nach der Lage an der Brunnstube einer Quelle, deren Wasser früher mittels einer langen Wasserleitung nach Regensburg und in die dortigen öffentlichen Brunnen geleitet wurde. Das Gebäude aus der Zeit um 1650 ist noch erhalten.

An der Ebenbreiten (Harting; ⓲ M 12): Aus der Gruppe „Dorf Harting“. Der Flurname bezieht sich offenbar auf ein flaches Gelände, im Gegensatz zu den benachbarten Hügeln (vgl. „Am Katzenbühel“, „Bühelnstraße“).

An der Etz (Ziegetsdorf; ⓭ D 11; von der Augsburger Straße nach O): Flurname. Verweis auf frühere landwirtschaftliche Nutzung („Etz“ = „Weide“).

An der Hülling (Altstadt; ❶ F 8c): Hier, an der Stadtmauer, erreichte früher der Stadtbach (vgl. „Am Vitusbach“) Regensburg. Das Wasser sammelte sich in einer Vertiefung („Hülle“ = „Pfütze“), bevor es seinen Lauf fortsetzte (vgl. „Obere/Untere Bachgasse“).

An der Irler Höhe (Hohes Kreuz; ⑩ I 9): Benannt nach dem Zielort. Verlauf: Abzweigung von der Straubinger Straße in Richtung Irl. Der Weg verlief, verglichen mit der Straße, auf höherem Niveau. Von ihm ist nur ein kleines (Anfangs-)Stück erhalten; der Rest ist modern überbaut.

An der Iselrinne (Kasernenviertel; ⑪ G 10; vom Unterislinger Weg nach O): Flurname. Verweis auf einen nahegelegenen ehemaligen Wasserlauf (wahrscheinlich vom Galgenberg zu dem zu vermutenden Mühlbach hinab; vgl. „Mühlweg").

An der Klosterbreite (Dechbetten; ⑭ B/C 9; von Zur Schönen Aussicht nach O): Flurname. Verweis auf den früheren Grundbesitzer, das benachbarte Kloster Prüfening (vgl. „Prüfeninger Schloßstraße").

An der Kreuzbreite (Neuprüll; ⑬ E 11): Flurname. Wahrscheinlich Verweis auf die Lage nahe bei einer alten Burgfriedenssäule in Gestalt eines Feldkreuzes. Die Burgfriedenssäulen waren die Grenzsteine zwischen dem Territorium der Freien Reichsstadt Regensburg und dem Herzogtum Bayern. (Vgl. auch „Stadtfeldweg".)

An der Schauergrube (Keilberg; ❻ K 5/6): Flurname. Verweis auf eine Geländevertiefung, deren Aussehen bei Passanten offenbar Unbehagen hervorgerufen hat.

An der Schergenbreite (Weichs; ❽ I 7; von der Donaustaufer Straße nach S): Flurname. Der „Scherge" war früher der Gerichts- bzw. Henkersassistent. Möglicherweise befand sich hier eine Exekutionsstätte, vielleicht die des im Weichser Schloß ansässigen Landrichters des Herzogs von Bayern (vgl. „Weichser Schloßgasse").

An der Schierstadt (Stadtamhof; ❷ F 7): Benannt nach der Lage. Hier befand sich in frühmittelalterlicher Zeit ein Gutshof namens Schierstadt; um ihn herum hat sich allmählich Stadtamhof entwickelt.

An der Schillerwiese (Innerer Westen; ⑮ D 7; vom Winzerweg nach NW): Benannt nach der Lage. Hier fand 1905, anläßlich seines hundertsten Todestags, eine Gedenkfeier für den Dichter Friedrich Schiller (vgl. „Schillerstraße") statt. Einst Weidefläche, deshalb vorher „Kuhwiese".

An der Stadlbreiten (Harting; ⑱ M 12): Aus der Gruppe „Dorf Harting". Der Flurname bezieht sich offenbar auf einen früher in der Nähe gelegenen „Stadel", eine Scheune, die vielleicht zum Gutshof in Harting gehört hat.

Andreasstraße (Stadtamhof; ❷ F 7): Hier befand sich das Augustinerchorherrenstift St. Mang mit seiner **Kirche St. Andreas**, gegründet 1139 (vgl. „Gebhardstraße"), säkularisiert und aufgelöst 1803. Die Kirche diente in der Folge als Pfarrkirche von Stadtamhof; die Klostergebäude wurden vom bayerischen Staat als Bezirks- bzw. Landratsamt genutzt, seit 1977 befindet sich hier die Kirchenmusikschule.

Annagasse (Großprüfening; ⓮ A 9): Nach der Lage bei der Pfarrkirche St. Anna in Großprüfening.

Annahofstraße (Prüfening; ⓯ B 8/9): Benannt nach der Lage. In einem der Anwesen (heute: Annahofstraße 16) bestand bis vor kurzem die Gastwirtschaft „St.-Anna-Hof". Deren Name wiederum leitet sich von der Pfarrkirche St. Anna in Großprüfening her (vgl. „Annagasse").

Anzengruberstraße (Ganghofersiedlung; ⓭ E 11): Aus der Gruppe „Schriftsteller 1". Ludwig Anzengruber (1839–1889), österreichischer Volks- und Heimatdichter.

Arberstraße (Reinhausen; ❼ G 6; von der Hans-Hayder-Straße nach W): Aus der Gruppe „Bayerischer Wald 3: Hochwald". Berg im Bayerischen Wald.

Ardennenstraße (Konradsiedlung; ❺ H 5; zwischen Sandgasse und Wutzlhofen): Aus der Gruppe „Deutsche Nation". Gebirgszug im südlichen Belgien; Schauplatz bedeutender Schlachten während beider Weltkriege.

Argonnenstraße (Konradsiedlung; ❺ H 5; zwischen Ardennenstraße und Berliner Straße): Aus der Gruppe „Deutsche Nation". Gebirgszug im nordöstlichen Frankreich; Schauplatz bedeutender Schlachten während des Ersten Weltkriegs.

Arndtstraße (Innerer Westen; ⓯ D 8; zwischen Gerlichstraße und Kleiststraße): Aus der Gruppe „Schriftsteller 2". Ernst Moritz Arndt (1769–1860), Schriftsteller der Romantik.

Arnulfsplatz (Altstadt; ❶ E/F 8): Ursprünglich „Unterer Jakobsplatz", nach dem benachbarten Schottenkloster St. Jakob (vgl. „Jakobstraße"). 1872 umbenannt, nach Herzog Arnulf von Bayern (gest. 937, Regierungszeit 907–937); Bezug: Arnulf ließ Regensburg 920 mit einer neuen Stadtmauer umgeben; sie verlief an der Ostseite des Platzes (und des Weißgerbergrabens; vgl. „Weißgerbergraben"). Das Viertel westlich des Platzes entstand erst später und wurde um 1300 als „Westnerwacht" in die Befestigungsanlagen integriert. (Vgl. auch „Ostengasse".)

Arrasstraße (Kasernenviertel; ⓫ H 10; von der Erbprinz-Franz-Joseph-Straße nach SO): Aus der Gruppe „Militär und Militärs". Stadt im Artois/Nordfrankreich; Schauplatz bedeutender Schlachten während des Ersten Weltkriegs.

Arzberger Straße (Haslbach; ❹ H 3): Aus der Gruppe „Traditionelle Industriestädte in Nordostbayern". Standort der Porzellanindustrie.

Asamstraße (Kumpfmühl; ⓭ E 9; zwischen Bischof-Wittmann-Straße und Königswiesenweg): Aus der Gruppe „Bildende Künstler". Cosmas Damian Asam (1686–1739), Maler und Architekt des Barock und des

Rokoko. Egid Quirin Asam (1692–1750), Stukkateur und Bildhauer des Barock und des Rokoko. Die Gebrüder Asam arbeiteten zeitweise auch in Regensburg.

Assmannstraße (Äußerer Westen; ⓯ C 8; von der Lilienthalstraße nach O): Richard Assmann (1845–1918), Meteorologe, Entdecker der Stratosphäre. – Bezug: In der Nähe liegen das Straßenviertel der „Flieger und Flugzeugbauer", für die Assmanns Entdeckungen von Bedeutung waren.

Asternweg (Galgenberg; ⓬ G 10; vom Unterislinger Weg nach W): Aus der Gruppe „Blumen".

Aubachweg (Burgweinting; ⓲ I 11): Nach der Lage am Aubach, einem Wasserlauf, der südwestlich von Burgweinting entspringt und bei Irl in die Donau mündet.

Auerbacher Straße (Haslbach; ❹ I 3): Aus der Gruppe „Traditionelle Industriestädte in Nordostbayern". Standort der Eisenerzförderung und der Textilindustrie.

Auergasse (Altstadt; ❶ F 8c): Eine Familie Auer besaß hier früher ein Anwesen. Sie war *nicht* identisch mit der Bürger- und Patrizierfamilie Auer aus dem Mittelalter.

Auf der Grede (Stadtamhof; ❷ F 7): Hier befand sich früher ein Lagerplatz („Grede" = „Lager"), und zwar bei der Anlegestelle für die Handelsschiffe. Damals wurde nicht nur das südliche Donauufer als Anlegestelle genutzt (vgl. „Am Weinmarkt", „Am Wiedfang", „Holzländestraße" und allg. „Donaulände"), sondern auch das nördliche. Auf der einen Seite wirtschaftete die Freie Reichsstadt Regensburg, auf der anderen die bayerische Stadt Stadtamhof; zwischen beiden herrschte scharfe Konkurrenz. (Vgl. auch „Am Beschlächt", „Wehrlochweg", „Salzgasse".)

Auf der Platte (Dechbetten; ⓮ C 9; zwischen Bergackerweg und Fasanerieweg): Nach der Lage am höchsten Punkt der Platte, der Erhebung zwischen Dechbetten und Großprüfening.

Auf der Winzerer Höhe (Pfaffenstein/Niederwinzer/Oberwinzer; ❸ ⓰ B/C/D/E/F 6): Nach der Lage auf dem Grat der Winzerer Höhen. An deren klimatisch besonders begünstigten Südhängen wurde früher Wein angebaut. Die Tradition endete, als im 17. und 18. Jahrhundert der Wein vom Bier verdrängt wurde. (Vgl. auch „Winzersteig".)

Augsburger Straße (Kumpfmühl/Ziegetsdorf; ⓭ D/E 10/11/12): Benannt nach dem Zielort. Eine der traditionellen mittelalterlichen Ausfallstraßen; Beginn (nach der Durchquerung von Kumpfmühl) der historischen Fernverbindung nach Augsburg. Der Verkehr verließ die Stadt dabei entweder durch das Jakobs- oder durch das Peterstor (vgl. „Am Peterstor").

Augustenstraße (Innerer Westen; ⓯ E 8/9; zwischen Kumpfmühler Straße und Hoppestraße): Als in der Gründerzeit westlich und östlich der Altstadt neue Wohnviertel entstanden (vgl. Gruppe „Gründerzeit"), wurden unter anderem auch die seinerzeitigen Herrscher verewigt. Hier: Augusta, Gattin des deutschen Kaisers Wilhelm I. (1811–1890). (Vgl. auch „Wilhelmstraße", „Luitpoldstraße", „Wittelsbacherstraße".)

Augustinergasse (Altstadt; ❶ F 8c)/**Augustinerplatz** (Altstadt; ❶ F 8c): Hier befand sich das Augustinerkloster St. Salvator, gegründet 1267, säkularisiert und aufgelöst 1802/10. Die Gebäude – einschließlich der Kirche – wurden anschließend als Kaserne genutzt und, nach raschem Verfall, 1838 abgerissen.

Auhölzlweg (Leoprechting; ⓱ E/F 13): Flurname. Verweis auf frühere forstwirtschaftliche Nutzung und auf die Lage in der Nähe eines kleinen Bachs.

Aureliaweg (Burgweinting; ⓲ I 12; im N der Neubausiedlung): Aus der Gruppe „Frauen". Aurelia war, nach einer in Regensburg Anfang des 14. Jahrhunderts entstandenen Legende, die Tochter eines französischen Königs. Sie wollte ihr Leben Gott weihen, floh deshalb vom Hof, als sie verheiratet werden sollte, kam nach Regensburg und verbrachte den Rest ihrer Tage in einer kleinen Klause beim Kloster St. Emmeram.

Aussiger Straße (Konradsiedlung; ❺ H 5; zwischen Taunusstraße und Sandgasse): Aus der Gruppe „Deutsche Nation". Stadt im Sudetenland (Staat: Tschechien) außerhalb Deutschlands mit (ehemals) deutscher Bevölkerung und deutscher Vergangenheit.

Auweg (Ostenviertel; ❿ H/I 8; zwischen Prinz-Ludwig-Straße und Wiener Straße): Flurname. Verweis auf den früheren naturnahen Charakter der Gegend unmittelbar an der Donau.

Azaleenweg (geplant) (Keilberg; ❻ L 5): Aus der Gruppe „Wald und Flur".

B

Babostraße (Ostenviertel; ➓ G/H 8; von der Adolf-Schmetzer-Straße nach N): Aus der Gruppe „Berühmte Regensburger 1“. Papo (gest. 1001/02), Burggraf von Regensburg 974–1001/02.

Bachackerweg (Irl; ➓ L/M 10): Flurname. Verweis auf frühere landwirtschaftliche Nutzung und auf die Lage am Aubach (vgl. „Aubachweg“).

Badener Weg (Steinweg; ❸ F 6; von der Lappersdorfer Straße nach W): Aus der Gruppe „Südwestdeutsche Länder“.

Badstraße (Oberer Wöhrd; ❶ E/F 7/8): Benannt nach der Lage. Im 19. und zu Beginn des 20. Jahrhunderts gab es hier am Ufer der Donau verschiedene Badeanstalten.

Bäckergasse (Steinweg; ❷ ❸ F 7; zwischen Dultplatz und Schwandorfer Straße): Früher war es allgemein üblich, daß die Menschen nach Berufsgruppen zusammenwohnten. Hier waren die Bäcker von Steinweg ansässig.

Bahnhofstraße (Innenstadt; ❶ E/F 9): Nach der Lage am Hauptbahnhof.

Bajuwarenstraße (Kasernenviertel; ⓫ G/H 10/11; zwischen Unterislinger Weg und Landshuter Straße): Aus der Gruppe „Germanisch-deutsche Volksstämme“.

Baltenstraße (Konradsiedlung; ❺ I 4/5; von der Posener Straße nach N): Aus der Gruppe „Deutsche Nation“. Baltikum: Region an der Ostsee (Staaten: Litauen, Lettland, Estland) außerhalb Deutschlands mit deutscher Vergangenheit.

Balwinusstraße (Kumpfmühl; ⓭ E 9; von der Kirchmeierstraße nach S): Aus der Gruppe „Bildende Künstler“. Paldwein (14. Jh.), Glasmaler des Mittelalters aus Regensburg.

Bamberger Straße (Pfaffenstein; ❷ E 7; von der Frankenstraße nach S): Aus der Gruppe „Städte in Franken“.

Barbinger Straße (Irl; ➓ M 10): Benannt nach dem Zielort. Verlauf: von Irl in Richtung Barbing. Seit einer Gewerbeansiedlung östlich von Irl nicht mehr bis zum Zielort durchgehend.

Bauergässel (Altstadt; ❶ G 8): Vielleicht besaß hier früher eine Familie Bauer ein Anwesen; vielleicht verweist die Bezeichnung aber auch nur auf die zahlreichen Stadtbauern, die in der Umgebung wohnten (vgl. „Krauterermarkt“, „Von-der-Tann-Straße“).

Baumburgerstraße (Ostenviertel; ⑩ H 8; von der Haymostraße nach W): Aus der Gruppe „Berühmte Regensburger 1". Bürger- und Patrizierfamilie des Mittelalters. Ihr Wohnhaus befand sich am Watmarkt (heute: Watmarkt 4 mit „Baumburger Turm").

Baumhackergasse (Altstadt; ❶ F 8a): Vielleicht besaß hier einmal eine Familie Baumhacker ein Anwesen; vielleicht waren aber auch früher Handwerker ansässig, die Bäume bzw. Holz bearbeiteten.

Bayerwaldstraße (Steinweg; ❸ F 7; von der Frankenstraße nach N): Benannt nach der Zielrichtung. Teilstück einer in den 1960er Jahren geplanten, dann aber nicht realisierten Alternative für den Fernverkehr in Richtung Bayerischer Wald. Geplant war eine „Nord-Ost-Tangente" von der Adolf-Schmetzer-Straße über eine neu zu bauende Donaubrücke zur Frankenstraße und weiter nach Norden.

Bedelgasse (Weichs; ❽ G 7; von der Holzgartenstraße nach SO): Möglicherweise nach einer Familie, die hier ansässig war bzw. Grundbesitz hatte.

Beethovenstraße (Galgenberg; ⑫ F/G 9; von der Alfons-Auer-Straße nach W): Aus der Gruppe „Komponisten und Musiker". Ludwig van Beethoven (1770–1827), Komponist der Klassik.

Bei der Anhalt (Reinhausen; ❼ I 7): Nach der Lage am Bahnhof Walhallastraße.

Bei der Rinnen (Steinweg; ❸ F 6; von der Raiffeisenstraße nach NW): Flurname. Verweis auf einen ehemaligen Wasserlauf (wahrscheinlich vom Dreifaltigkeitsberg zum Regen hinab).

Bei der Sallermühle (Gallingkofen; ❹ F 4): Nach der Lage bei der ehemaligen Mühle von Sallern, die nördlich außerhalb des Orts am Regen lag.

Bei der Schanze (Großprüfening; ⑭ A 9): Benannt nach der Lage. Hier bestand zur Zeit der Römer ein kleines Kastell, ein Vorposten des großen Legionslagers Castra Regina. Von den Befestigungsanlagen waren noch jahrhundertelang sichtbare Reste vorhanden; deshalb trug die Gegend den traditionellen Flurnamen „Schanzacker" oder „Schanzwiese". (Vgl. auch „Hochweg".)

Beim Roten Kreuz (Gallingkofen; ❹ G 4/5): Flurname. Verweis auf die Existenz eines alten Wegzeichens oder Flurkreuzes.

Belgrader Straße (Hohes Kreuz; ⑩ I 9): Aus der Gruppe „Donaustädte".

Benzstraße (Kasernenviertel; ⑪ H/I 10/11; von der Landshuter Straße nach SW): Aus der Gruppe „Erfinder und Entdecker". Carl Benz (1844–1929), Ingenieur; Konstrukteur erster Kraftfahrzeuge.

Beraiterweg (Altstadt; ❶ E/F 8c/d): In einem der Anwesen (heute: Wiesmeierweg 2) befand sich vom 16. bis zum 18. Jahrhundert der „Beraiter-Hof“, eine Art Rechnungsstelle („raiten“ = „rechnen“) des Almosenamts der Freien Reichsstadt Regensburg.

Bergackerweg (Dechbetten; ⓮ C 9; zwischen Dechbettener Weinweg und Auf der Platte): Flurname. Verweis auf frühere landwirtschaftliche Nutzung und auf die örtlichen Gegebenheiten auf der Platte, der Erhebung zwischen Dechbetten und Großprüfening.

Bergfeldweg (Keilberg; ❻ K/L 5): Flurname. Verweis auf frühere landwirtschaftliche Nutzung und auf die örtlichen Gegebenheiten auf der Hochfläche des Keilbergs.

Bergstraße (Reinhausen; ❼ G 6; von der Sonnenstraße nach NO): Nach der Lage am Fuß des Sallerner Bergs.

Berliner Straße (Konradsiedlung; ❺ H 5; zwischen Argonnenstraße und Pommernstraße): Aus der Gruppe „Deutsche Nation“. Deutsche Hauptstadt, von der deutschen Teilung betroffen (gewesen).

Bernhard-Suttner-Weg (Königswiesen-Süd; ⓭ D 11): Aus der Gruppe „Politiker des demokratischen Deutschland und Bayern“. Bernhard Suttner, Stadtrat in Regensburg, Mitglied des bayerischen Landtags (CSU).

Bernhardstraße (Oberisling; ⓱ G 12): Aus der Gruppe „St. Emmeram in Oberisling“. Ein gewisser Bernhard wird um 1082/83 als Einwohner von Oberisling und Untertan des Klosters St. Emmeram erwähnt.

Bertastraße (Westheim; ⓯ C 7/8): Aus der Gruppe „Frauen des mittelalterlichen Regensburg“. Berta (1051–1087), erste Gattin König bzw. Kaiser Heinrichs IV., der auch Herzog von Bayern war.

Bertoldstraße (Altstadt; ❶ F/G 8): Bertold von Regensburg (ca. 1200–1272), Prediger, der auf seinen Wanderungen durch ganz Mitteleuropa massenhaft Zuhörer fand. – Bezug: Bertold war Mönch im benachbarten Minoritenkloster (vgl. „Minoritenweg“).

Bertolt-Brecht-Weg (Neuprüll; ⓭ E 11): Aus der Gruppe „Schriftsteller 1“. Bertolt Brecht (1898–1956), Schriftsteller mit sozialistischem Bezug.

Beskidenstraße (Konradsiedlung; ❺ H 5; von der Ardennenstraße nach O): Aus der Gruppe „Deutsche Nation“. Gebirgszug an der Grenze zwischen Polen und der Slowakei; Schauplatz bedeutender Schlachten während des Ersten Weltkriegs.

Biendlweg (Oberisling; ⓱ G 11/12): Möglicherweise nach einer Familie, die hier ansässig war bzw. Grundbesitz hatte.

Bienenheimweg (Ostenviertel; ⑩ G 9; von der Blumenstraße nach S): Nach der Lage in der Siedlung „Bienenheim“, angelegt 1903. Die Umgebung war damals noch sehr naturnah. (Vgl. auch „Blumenstraße“.)

Biersackgasse (Großprüfening; ⑭ A 9): Die Familie Biersack ist seit alters in Großprüfening ansässig.

Birkenschlagweg (Graß; ⑰ E 12): Flurname. Verweis auf frühere forstwirtschaftliche Nutzung.

Birkenstraße (Margaretenau; ⑮ D 8/9): Aus der Gruppe „Bäume“.

Bischof-Hartwich-Straße (Gallingkofen; ④ F/G 5): Hartwich von Sponheim (gest. 1164), Bischof von Regensburg 1155–1164. – Bezug: In einer Urkunde Hartwichs von 1161 wird die Pfarrkirche von Sallern erstmals erwähnt.

Bischof-Konrad-Straße (Galgenberg/Kumpfmühl; ⑫ ⑬ F 9/10; von der Galgenbergstraße nach W): Aus der Gruppe „Katholisches Regensburg“. Im Mittelalter gab es insgesamt sieben Bischöfe namens Konrad. Der bedeutendste: Konrad Graf von Teisbach und Frontenhausen, Bischof von Regensburg 1204–1226; Gründer des Katharinen-Spitals (vgl. „St.-Katharinen-Platz“).

Bischof-von-Henle-Straße (Kumpfmühl; ⑬ F 9; von der Friedenstraße nach S): Aus der Gruppe „Katholisches Regensburg“. Antonius von Henle (1851–1927), Bischof von Regensburg 1906–1927, Ehrenbürger der Stadt Regensburg 1923.

Bischof-von-Senestrey-Straße (Kumpfmühl; ⑬ F 10; von der Universitätsstraße nach W): Aus der Gruppe „Katholisches Regensburg“. Ignatius von Senestrey (1818–1906), Bischof von Regensburg 1858–1906.

Bischof-Wittmann-Straße (Kumpfmühl; ⑬ E 9/10): Aus der Gruppe „Katholisches Regensburg“. Georg Michael Wittmann (1760–1833), Dompfarrer in Regensburg 1804–1829, Weihbischof und Generalvikar 1829/30–1832, Bischof 1832–1833. Wie sein Vorgänger Sailer (vgl. „Sailerstraße“) gehörte auch Wittmann zu den wichtigsten Vertretern der katholischen Erneuerungsbewegung um die Wende des 18. zum 19. Jahrhundert.

Bismarckplatz (Altstadt; ① E/F 8): Ursprünglich „Oberer Jakobsplatz“, nach dem benachbarten Kloster St. Jakob (vgl. „Jakobstraße“). 1895 umbenannt, nach Otto von Bismarck (1815–1898), Kanzler des Deutschen Reichs 1870–1890, Ehrenbürger der Stadt Regensburg 1895. – Sein Aussehen mit den prägenden Gebäuden des **Stadttheaters** und des **Präsidialpalais** erhielt der Platz zu Beginn des 19. Jahrhunderts, zur Zeit von Karl Theodor von Dalberg (vgl. „Dalbergstraße“).

Blaue-Lilien-Gasse (Altstadt; ❶ F 8a): Nach dem früher hier bestehenden Gasthof „Zur Blauen Lilie“ (heute: Blaue-Lilien-Gasse 4).

Blaue-Stern-Gasse (Altstadt; ❶ F 8c): Nach dem früher hier bestehenden Gasthof „Zum Blauen Stern“ (heute: Blaue-Stern-Gasse 3).

Blumenstraße (Ostenviertel; ❿ G/H 9; von der Weißenburgstraße nach O): Nach der Lage in der Siedlung „Bienenheim“, angelegt 1903. Die Umgebung war damals noch sehr naturnah. (Vgl. auch „Bienenheimweg“.)

Bocksbergerstraße (Kumpfmühl; ⓭ E 10; von der Kumpfmühler Straße nach O): Aus der Gruppe „Bildende Künstler“. Johann Melchior Bocksberger (1525/35–1587), Maler und Zeichner der Renaissance. Bocksberger wirkte 1573–1574 und 1585–1587 in Regensburg (u.a. „David und Goliath“; vgl. „Goliathstraße“).

Bodenwöhrstraße (Brandlberg; ❻ I 5/6): Aus der Gruppe „Eisenindustrie in der Oberpfalz“. Traditioneller Standort der Eisenverhüttung ab dem 15. Jahrhundert .

Böhmerwaldstraße (Sallerner Berg; ❹ G 6): Aus der Gruppe „Mittelgebirge in Mitteleuropa“.

Boelckestraße (Ganghofersiedlung; ⓭ D/E 10; von der Augsburger Straße nach W): Aus der Gruppe „Jagdflieger im Ersten Weltkrieg“. Oswald Boelcke (1891–1916).

Boessnerstraße (Äußerer Westen; ⓯ D 7/8; zwischen Weinweg und Puricellistraße): Aus der Gruppe „Berühmte Regensburger 2“. Bürger- und Patrizierfamilie des 18. und 19. Jahrhunderts mit wichtiger Rolle in der städtischen Politik. (Mehrere Familienmitglieder waren Kämmerer bzw. Bürgermeister). Ihr Wohnhaus befand sich in Prebrunn (heute: Westendstraße 11–13). Bedeutendster Familienangehöriger: Johann Heinrich Thomas Boessner (1766–1845), Syndikus, Polizeidirektor, Stadtkommissar, Regierungsrat.

Bogenstraße (Kumpfmühl; ⓭ D/E 9/10; zwischen Hafnersteig und Macheinerweg): „Sprechender“ Straßenname. Die Straße ist bogenförmig und wird ungefähr in ihrer Mitte von einer zweiten gequert, die geradlinig verläuft. Im Stadtplan ergibt sich so ein Bild, das an Pfeil und Bogen erinnert. (Vgl. auch „Pfeilstraße“.)

Bollandweg (Unterisling; ⓱ G/H 12): Ein Müller namens Bolland betrieb am in der Nähe verlaufenden Islinger Mühlbach im 18. Jahrhundert eine Mühle.

Bozener Straße (Konradsiedlung; ❺ H/I 5; zwischen Sandgasse und Posener Straße): Aus der Gruppe „Deutsche Nation“. Stadt in Südtirol (Staat: Italien) außerhalb Deutschlands mit deutscher Bevölkerung und deutscher Vergangenheit.

Brahmsstraße (Galgenberg; ⓬ G 9/10; von der Alfons-Auer-Straße nach S): Aus der Gruppe „Komponisten und Musiker". Johannes Brahms (1833–1897), Komponist der Romantik.

Brandenburger Straße (Konradsiedlung; ❺ H 5; zwischen Isonzostraße und Schlesierstraße): Aus der Gruppe „Deutsche Nation". Mitteldeutsche Region, von der deutschen Teilung betroffen (gewesen).

Brandlberger Straße (Reinhausen/Konradsiedlung; ❺ ❼ H/I 6): Benannt nach dem Zielort. Verlauf: von Reinhausen in Richtung Brandlberg. Seit dem Bau der Eisenbahntrasse nicht mehr bis zum Zielort durchgehend.

Brauergasse (Steinweg; ❸ F 7; von der Schwandorfer Straße nach O): Früher war es allgemein üblich, daß die Menschen nach Berufsgruppen zusammenwohnten. Hier waren die Brauer von Steinweg ansässig.

Brennbergstraße (Wutzlhofen; ❺ H/I 4/5): Aus der Gruppe „Bayerischer Wald 2: Vorwald".

Brennesstraße (Reinhausen; ❼ G 6/7; von der Donaustaufer Straße nach NO): Aus der Gruppe „Bayerischer Wald 3: Hochwald". Ort im Bayerischen Wald.

Brentanostraße (Ganghofersiedlung; ⓭ E 10): Aus der Gruppe „Schriftsteller 1". Clemens Brentano (1778–1842), Schriftsteller der Romantik.

Brittingstraße (Ziegetsdorf; ⓭ D 11; von der Augsburger Straße nach O): Aus der Gruppe „Schriftsteller 1". Georg Britting (1891–1964), bayerischer Volks- und Heimatdichter. Britting war gebürtiger Regensburger und beschrieb in mehreren seiner Werke das Leben in der Stadt.

Brombeerweg (Keilberg; ❻ L 5): Aus der Gruppe „Wald und Flur".

Bromberger Straße (Konradsiedlung; ❺ H 5/6; zwischen Memeler Straße und St.-Konrad-Platz): Aus der Gruppe „Deutsche Nation". Stadt in Westpreußen, von Deutschland im Friedensvertrag von Versailles an Polen abgetreten.

Bruderwöhrdstraße (Ostenviertel; ❿ G 8; von der Adolf-Schmetzer-Straße nach NO): Benannt nach der Lage. In der Donau, etwa auf der Höhe dieser Straße, gab es früher eine kleine Insel, den „Bruderwöhrd". Sein Name deutet darauf hin, daß er in Beziehung zu einem der „Bruderhäuser" und Sozialeinrichtungen gestanden hat, vielleicht zum Leprosenhaus St. Niklas (vgl. „St.-Niklas-Straße") oder zum Pestinhof auf dem Unteren Wöhrd, die beide ganz in der Nähe lagen, vielleicht aber auch zum Almosenamt der Freien Reichsstadt, dem einige Grundstücke auf der Insel gehörten.

Brücklmaierweg (Leoprechting; ⓱ F 12/13): Ein Bauer namens Brücklmaier errichtete auf seinem Anwesen (heute: Brücklmaierweg 8) eine Kapelle.

Brückstraße (Altstadt; ❶ F 8b): Seit dem Bau der Steinernen Brücke (1135–1146) verbindet sie den Donauübergang mit dem Verkehrsnetz der Innenstadt; jahrhundertelang war sie damit Ausgangs- bzw. Endpunkt für den Fernverkehr von und nach Norden.

Brüxer Straße (Konradsiedlung; ❺ H 5; zwischen Taunusstraße und Reichenberger Straße): Aus der Gruppe „Deutsche Nation". Stadt im Sudetenland (Staat: Tschechien) außerhalb Deutschlands mit (ehemals) deutscher Bevölkerung und deutscher Vergangenheit.

Brunhildstraße (Kumpfmühl; ⓭ F 10; von der Universitätsstraße nach W): Aus der Gruppe „Nibelungen".

Brunhuberstraße (Galgenberg; ⓬ F 9/10; von der Bischof-Konrad-Straße nach S): August Brunhuber (1851–1928), gebürtig aus Burghausen/Oberbayern, betrieb ab 1877 in Regensburg als Augenarzt eine Praxis, ab 1881 eine Augenklinik. Nebenbei beschäftigte er sich ausgiebig mit der Geologie Regensburgs und der Oberpfalz.

Brunnensteg (Keilberg; ❻ L 5): Nach der Lage an einem ehemaligen Brunnen in Keilberg.

Brunnholzweg (Ödenthal; ❹ H 3): Flurname. Verweis auf frühere forstwirtschaftliche Nutzung und auf einen Wasserlauf.

Brunnleite (Altstadt; ❶ E 8b): Hier hatte die Donau früher eine kleine Bucht, die durch eine Halbinsel abgetrennt war. Wo heute der Platz ist, war damals eine Wasserfläche („Brunn" = „Wasser"; „Leite" = „abschüssiges Gelände").

Brunnstraße (Graß; ⓱ D/E 12): Nach der Lage am ehemaligen Brunnen von Graß.

Buchenstraße (Margaretenau; ⓯ D 9): Aus der Gruppe „Bäume".

Budapester Straße (Ostenviertel; ❿ H/I 8; von der Donaulände nach O): Aus der Gruppe „Donaustädte".

Büechlgasse (Schwabelweis; ❾ K 7): Der Unternehmer André Büechl gründete 1897 unweit von hier ein Kalkwerk. Der Standort ergab sich aus der Nähe zu den Hängen des Keilbergs, wo Kalk abgebaut wurde. (Vgl. auch „Kalkwerkstraße", „Michelerstraße").

Bühelnstraße (Harting; ⓲ M 12): Aus der Gruppe „Dorf Harting". Zur Erläuterung: „Bühl" = „Hügel".

Bukarester Straße (Ostenviertel; ❿ K 8/9; von der Straubinger Straße nach N): Aus der Gruppe „Donaustädte".

Burgunderstraße (Kasernenviertel; ⓫ G/H 10; vom Unterislinger Weg nach O): Aus der Gruppe „Germanisch-deutsche Volksstämme".

Burgweg (Graß; ⓱ E 12): Benannt nach der Lage. In Graß existierte seit dem Mittelalter eine Burganlage, die dem jeweiligen Grundherrn gehörte (vgl. „Rüdigerstraße", Löbelstraße", „Deutschherrnweg"). Sie wurde im Dreißigjährigen Krieg zerstört.

Burgweintinger Straße (Harting; ⓲ K/L/M 11/12): Benannt nach dem Zielort. Verlauf: von Harting in Richtung Burgweinting. – Der ehemals nicht zu Regensburg gehörige Ort Burgweinting, um 790 zum ersten Mal erwähnt, wurde 1977 nach Regensburg eingemeindet. Der Name verweist darauf, daß die Siedlung von einem gewissen Wihmund gegründet worden ist.

Carl-Maria-von-Weber-Straße (Galgenberg; ⓬ F/G 10; von der Hermann-Köhl-Straße nach W): Aus der Gruppe „Komponisten und Musiker". Carl Maria von Weber (1786–1826), Komponist der Romantik.

Carl-Thiel-Straße (Galgenberg; ⓬ G 9/10; zwischen Haydnstraße und Brahmsstraße): Aus der Gruppe „Komponisten und Musiker". Carl Thiel (1862–1939), Direktor der Kirchenmusikschule in Regensburg 1930–1939.

Carlstraße (Innerer Westen; ⓯ E 8; zwischen Grünpeckstraße und Hans-Huber-Straße): Aus der Gruppe „Berühmte Regensburger 2". Johann Carl (1587–1665), Baumeister und Architekt, gebürtig aus Nürnberg, wurde von 1627 bis 1631 während des Dreißigjährigen Kriegs nach Regensburg gerufen, um die Befestigungsanlagen der Stadt zu verstärken. In dieser Zeit erbaute er die protestantische **Dreieinigkeitskirche** als erste evangelische Pfarrkirche in Bayern.

Cecilie-Vogt-Weg (Burgweinting; ⓲ I 12; im Zentrum des Neubaugebiets): Aus der Gruppe „Frauen". Cécile Vogt (1875–1962), Medizinerin, Neurologin, Psychiaterin.

Chamer Straße (Gallingkofen/Wutzlhofen/Haslbach; ❹ ❺ F/G/H/I 3/4/5): Benannt nach dem Zielort. Eine der traditionellen mittelalterlichen Ausfallstraßen; Beginn (nach Überquerung von Donau und Regen) der Fernverbindung nach Cham, und zwar dort, wo sie von einer anderen, der nach Amberg, abzweigt (vgl. „Amberger Straße").

Charles-Lindbergh-Straße (Äußerer Westen; ⓯ C 9; von der Prüfeninger Straße nach N): Aus der Gruppe „Flieger und Flugzeugbauer". Charles Lindbergh (1902–1974), US-amerikanischer Flieger, der 1927 als erster den Atlantik überquerte.

Christliebstraße (Ostenviertel; ❿ H 8/9; von der Greflingerstraße nach W): Aus der Gruppe „Berühmte Regensburger 1". Georg von Christlieb (gest. 1925), Präsident der Industrie- und Handelskammer Regensburg.

Clausewitzstraße (Äußerer Westen; ⓯ C 9; von der Scharnhorststraße nach NO): Aus der Gruppe „Befreiungskriege". Carl von Clausewitz (1780–1831), preußischer General, Militärtheoretiker („Vom Kriege", 1832).

Clermont-Ferrand-Allee (Innerer und Äußerer Westen; ⓯ D 7): Ursprünglich „Brunnweg", nach einem (bis 1927) am Wegesrand existierenden Brunnen. 1974 umbenannt, nach der französischen Partnerstadt von Regensburg.

Coburger Straße (Haslbach; ❹ H/I 3/4): Aus der Gruppe „Traditionelle Industriestädte in Nordostbayern". Standort der keramischen und der Textilindustrie.

Colmarer Straße (Konradsiedlung; ❺ H 6; zwischen Sandgasse und Brandlberger Straße): Aus der Gruppe „Deutsche Nation". Ehemals deutsche Stadt im Elsaß, von Deutschland im Friedensvertrag von Versailles endgültig an Frankreich abgetreten.

Coulmiersstraße (Ostenviertel; ❿ G 8; zwischen Orleansstraße und Babostraße): Aus der Gruppe „Gründerzeit". Schauplatz einer Schlacht im deutsch-französischen Krieg 1870/71.

Cranachweg (Königswiesen; ⓮ C/D 9/10; östlich parallel zur Dr.-Gessler-Straße): Aus der Gruppe „Bildende Künstler". Lucas Cranach (1472–1553), Maler der Renaissance.

D

D.-Martin-Luther-Straße (Innenstadt; ❶ F 8d/9): Dr. Martin Luther (1483–1546), Theologe und Reformator. – Bezug: Von 1542 bis 1802 war Regensburg eine protestantische Freie Reichsstadt.

Dachauplatz (Altstadt; ❶ F 8d): Ursprünglich „Klarenanger", nach dem benachbarten Klarissenkloster. Zu Beginn des 20. Jahrhunderts „Moltkeplatz", nach einem preußischen General (Bezug: Nebenan, im ehemaligen Minoritenkloster, bestand damals eine Kaserne). Nach 1945 „Dachauplatz", zur Erinnerung an alle Opfer des Nationalsozialismus, von denen viele, gerade die, die aus Regensburg stammten, im Konzentrationslager Dachau in Haft gewesen waren. (Vgl. auch „Dr.-Johann-Maier-Straße", „Zirklstraße".)

Dänzergasse (Altstadt; ❶ F 8c): Ein aus Bayreuth stammender Schuhmacher namens Johann Sebastian Tänzer besaß hier um die Wende vom 18. zum 19. Jahrhundert ein Anwesen (heute: Dänzergasse 6).

Dahlienweg (Kasernenviertel; ⓫ G/H 10/11; vom Erikaweg nach O): Aus der Gruppe „Blumen".

Daimlerstraße (Kasernenviertel; ⓫ H 9/10; von der Landshuter Straße nach NO): Aus der Gruppe „Erfinder und Entdecker". Gottlieb Wilhelm Daimler (1834–1900), Ingenieur; Konstrukteur erster Kraftfahrzeuge.

Dalbergstraße (Innerer Westen; ⓯ E 8; zwischen Dr.-Johann-Maier-Straße und Prebrunnstraße): Aus der Gruppe „Berühmte Regensburger 2". Karl Theodor von Dalberg (1744–1817), gebürtig aus Herrnsheim bei Worms/Pfalz, Kurfürst, Fürstprimas des Rheinbunds, Großherzog von Frankfurt, regierte 1802–1810 das von Napoleon für ihn geschaffene Fürstentum Regensburg, Erzbischof von Regensburg 1802–1817. Dalberg hat in Regensburg vielerorts bis heute sichtbare Spuren hinterlassen, wie zum Beispiel das Stadttheater (vgl. „Bismarckplatz").

Damaschkeweg (Kasernenviertel; ⓫ H 10; zwischen Prinz-Rupprecht-Straße und Erbprinz-Franz-Joseph-Straße): Adolf Damaschke (1865–1935), Volkswirtschaftler, Theoretiker des Bodenreformgedankens.

Dandlstraße (Stadtamhof; ❷ F 7): Martin Dandl (gest. 1895), Dompropst, Generalvikar in Regensburg 1879–1889, engagierte sich stark für die Belange des – in der Nähe liegenden – Katharinen-Spitals (vgl. „St.-Katharinen-Platz").

Danziger Freiheit (Konradsiedlung; ❺ I 5; Kreuzung Meraner Straße und Metzer Straße): Aus der Gruppe „Deutsche Nation". Stadt in Westpreußen (Staat: Polen), von Deutschland im Friedensvertrag von Versailles abgetreten und zur „Freien Stadt" umgewandelt (bis 1939).

Dechbettener Brücke (Margaretenau; ⑭ ⑮ D 9): Benannt nach der Lage und der Funktion. Lage: Teil der Verbindung von der Altstadt nach Dechbetten (vgl. „Dechbettener Straße"). Funktion: Überquerung der Eisenbahntrasse.

Dechbetten (Dechbetten; ⑭ C 9; von der Ziegetsdorfer Straße nach O): Hauptstraße des ehemals nicht zu Regensburg gehörigen Orts Dechbetten. Dechbetten, um 870 zum ersten Mal erwähnt, wurde 1938 nach Regensburg eingemeindet. Der Ortsname bedeutet „fromme Gebete"; ursprünglich gab es hier nur eine Eremiten-Zelle.

Dechbettener Straße (Innerer Westen; ⑮ D/E 8/9): Benannt nach dem Zielort. Verlauf: vom Ausgang der Altstadt am Jakobstor in Richtung Dechbetten. Seit dem Bau der Eisenbahntrasse nicht mehr bis zum Zielort durchgehend.

Dechbettener Weinberg (Dechbetten; ⑭ C 9; zwischen Lohackerstraße und Fasanerieweg): Nach der Lage am Hang der Platte, der Erhebung zwischen Dechbetten und Großprüfening. Hier wurde früher Wein angebaut.

Defreggerweg (Königswiesen; ⑭ C 9; von der Dr.-Gessler-Straße nach W): Aus der Gruppe „Bildende Künstler". Franz von Defregger (1835–1921), Maler mit Themen aus dem bäuerlichen Leben.

Degelgrube (Gallingkofen; ④ G 5): Nach der Lage bei einer ehemaligen Lehmgrube („Degel" = „Lehm"). Solche Gruben gab es im Bereich des heutigen Stadtgebiets mehrere (vgl. „Hafnersteig").

Deggendorfer Straße (Hohes Kreuz; ⑩ I 9): Aus der Gruppe „Donaustädte".

Deiningerstraße (Prüfening; ⑮ B 8/9): Aus der Gruppe „Berühmte Regensburger 2". Josef Deininger (gest. 1934), Stadtrat (SPD) 1924–1933.

Deischgasse (Altstadt; ① F 8c): Ein Wundarzt und Bader namens Daniel Gerhard Friedrich Deisch besaß hier Anfang des 19. Jahrhunderts ein Anwesen (heute: Deischgasse 2).

Denzingerstraße (Kumpfmühl; ⑬ F 10; zwischen Bischof-Konrad-Straße und Bischof-von-Senestrey-Straße): Aus der Gruppe „Katholisches Regensburg". Franz Joseph Denzinger (1821–1894), Architekt. Denzinger, ab 1859 Dombaumeister, vollendete die Türme und andere Teile am Dom, die im Mittelalter nicht fertiggestellt worden waren (vgl. „Heydenreichstraße"). Ehrenbürger der Stadt Regensburg 1869.

Desingweg (Rennplatz; ⑮ C 9): Franz Joseph Albert Desing (1699–1772), ab 1718 mit dem Namen Anselm Abt im Benediktinerkloster St. Jakob in Ensdorf/Oberpfalz; Universalgelehrter; Professor für Mathematik, Physik, Theologie und Geschichte an der Universität Salzburg 1733–1743; Abt von St. Jakob 1761–1772.

Deutschherrnweg (Graß; ⓱ E 12): Der Deutsche Orden (vgl. „Ägidiengang/-platz") übte vom 15. Jahrhundert bis zur Säkularisation 1802/10 die Grundherrschaft in Graß aus.

Dianastraße (Ziegetsdorf; ⓭ D 11; zwischen Merkurstraße und Hadamarstraße): Aus der Gruppe „Römische Götter".

Diepenbrockstraße (Ostenviertel; ⓾ G 8/9; von der Greflingerstraße nach N): Aus der Gruppe „Berühmte Regensburger 1". Melchior Ferdinand Joseph von Diepenbrock (1798–1853), gebürtig aus Bocholt/Westfalen, 1823–1845 in Regensburg. Privatsekretär Johann Michael von Sailers 1823–1832 und damit eines der prominentesten Mitglieder des „Sailerkreises" (vgl. „Sailerstraße"); Generalvikar unter Bischof Valentin von Riedel 1842–1844; Ehrenbürger der Stadt Regensburg 1845. Nach seinem Weggang aus Regensburg Bischof von Breslau 1845 und Kardinal 1850.

Dieselstraße (Kasernenviertel; ⓫ I 9/10; von der Zeißstraße nach SO): Aus der Gruppe „Erfinder und Entdecker". Rudolf Diesel (1858–1913), Ingenieur; Konstrukteur erster Motoren.

Dionys-Danegger-Straße (Schwabelweis; ❾ K 7/8): Aus der Gruppe „St. Emmeram in Schwabelweis". Mönch des Klosters St. Emmeram (1767–1828), nach dessen Säkularisation 1802/10 Pfarrer in Schwabelweis.

Ditthornstraße (Ostenviertel; ⓾ I 8/9; von der Straubinger Straße nach N): Aus der Gruppe „Berühmte Regensburger 1". Ferdinand Joseph Anton Ditthorn (1864–1949), Syndikus und Rechtsberater.

Dollingerstraße (Innerer Westen; ⓯ E 8; von der Gumpelzhaimerstraße nach N): Aus der Gruppe „Berühmte Regensburger 2". Bürger- und Patrizierfamilie des Mittelalters. Ihr Wohnhaus befand sich am Rathausplatz (heute: Rathausplatz 3; Neubau). Die Familie hat *nichts* mit dem Dollinger aus der Dollinger-Sage zu tun (vgl. „Haidplatz").

Dolomitenstraße (Konradsiedlung; ❺ H 5; zwischen Egerstraße und Pommernstraße): Aus der Gruppe „Deutsche Nation". Gebirgszug im nördlichen Italien; Schauplatz bedeutender Schlachten im Ersten Weltkrieg.

Domgarten (Altstadt; ❶ F 8b): Hier, hinter der **Dompfarrkirche St. Ulrich**, befand sich ursprünglich der romanische Dom von Regensburg, der ab dem 13. Jahrhundert durch einen – allerdings ein Stück weiter westwärts stehenden – gotischen Neubau ersetzt wurde. Der alte Standort wurde in der Folge lange Zeit als Friedhof genutzt, bis man diesen zu Beginn des 19. Jahrhunderts aus Gründen der Hygiene an den damaligen Stadtrand verlegte (vgl. „Albertstraße"). Heute befindet sich hier die Dombauhütte.

Domplatz (Altstadt; ❶ F 8d): Ursprünglich bezog sich der Name nur auf den Platz vor der Westfassade und dem Hauptportal des **Doms St. Peter**, genauer: auf dessen östlichen, unmittelbar vor dem Dom gelegenen Teil, wo der Bischof die Obrigkeit ausübte (vgl. „Krauterermarkt"). Die Freifläche vor der Südseite des Doms dagegen entstand erst 1895/96, als der Salzburger Hof (vgl. „Salzburger Gasse") abgebrochen und, ein Stück zurückversetzt, die Dompost errichtet wurde.

Domstraße (Altstadt; ❶ F 8d): Früher verlief an der Südseite des Doms nur eine relativ schmale Straße. Sie wurde 1895/96 fast in ihrer ganzen Länge platzartig verbreitert und bald darauf umbenannt (vgl. „Domplatz"). Nur der östliche Teil der Straße blieb so eng, wie er war, und behielt deshalb den alten Namen.

Donauerweg (Rennplatz; ⓯ C 9): Aus der Gruppe „Berühmte Regensburger 2". Christoph Sigmund Donauer (1593–1655), gebürtig aus Helmstedt/Niedersachsen, ab 1595 in Regensburg. Pfarrer und Superintendent (d. h. oberster protestantischer Geistlicher). Donauer ist bekannt als Autor einer Regensburger Chronik von 1545 bis 1654.

Donaulände (Innenstadt/Ostenviertel; ❶ ❿ G/H 8): Benannt nach der Lage und der Funktion. Lage: An der Donau. Ehemalige Funktion: Anlegestelle für Schiffe, Abladeplatz. Früher wurde das gesamte Donauufer im Bereich der Altstadt als Anlegestelle genutzt, und zwar abschnittsweise je nach Art der transportierten Handelswaren. (Vgl. auch „Am Weinmarkt", „Am Wiedfang" „Holzländestraße".)

Donaumarkt (Altstadt; ❶ G 8): Kein historischer Platz, sondern entstanden durch umfangreichen Abbruch alter Bausubstanz in den 1950er und 1960er Jahren. Damals war hier der Bau der „Nord-Ost-Tangente" geplant (vgl. „Bayerwaldstraße"); als dieses Projekt zu den Akten gelegt wurde, entwickelte sich auf der geschaffenen Freifläche der Regensburger Wochenmarkt.

Donaustaufer Straße (Reinhausen/Weichs/Schwabelweis; ❼ ❽ ❾ G/H/I/K/L 7): Benannt nach dem Zielort. Verlauf: von Reinhausen in Richtung Donaustauf.

Dornierstraße (Äußerer Westen; ⓯ C 8; zwischen Puricellistraße und Udetstraße): Aus der Gruppe „Flieger und Flugzeugbauer". Claude Dornier (1884–1969), Ingenieur, Konstrukteur von Flugzeugen.

Dr.-Dachs-Straße (Äußerer Westen; ⓯ C 8; von der Eisenmannstraße nach S): Aus der Gruppe „Berühmte Regensburger 2". Dr. Hans Dachs (1886–1966), gebürtig aus Erding/Oberbayern, ab 1914 in Regensburg. Lehrer am Gymnasium der Englischen Fräulein 1914–1920; Lehrer am Alten Gymnasium (heute: Albertus-Magnus-Gymnasium) 1920–1926;

Professor für Geschichte an der Philosophisch-Theologischen Hochschule 1926–1951; Vorstand des Historischen Vereins für Regensburg und Oberpfalz 1931–1951.

Dr.-Gessler-Straße (Königswiesen; ⓮ C/D 9/10; von der Kirchmeierstraße nach S): Dr. Otto Gessler (1875-1955), Jurist, Oberbürgermeister von Regensburg 1910–1914, Oberbürgermeister von Nürnberg 1914–1919, Reichswehrminister 1920–1928. – Bezug: Gessler setzte in seiner Amtszeit in Regensburg vor allem sozialpolitische Akzente und förderte den Wohnungsbau; die moderne Entsprechung dieser Gedanken spielte auch bei der Planung von Königswiesen eine Rolle.

Dr.-Heim-Straße (Prüfening; ⓯ B 8): Aus der Gruppe „Berühmte Regensburger 2". Dr. Georg Heim (1865–1938), gebürtig aus Aschaffenburg/Unterfranken, 1907–1933 in Regensburg. Lehrer, Politiker, Mitglied des bayerischen Landtags und des deutschen Reichstages (Zentrum bzw. BVP) 1897–1911 und 1919–1924; Gründer des Bayerischen Christlichen Bauernvereins 1898 (deshalb „Bauerndoktor" genannt), dessen Zentrale 1907–1933 in Regensburg ansässig war.

Dr.-Held-Straße (Ostenviertel; ❿ G 9; von der Greflingerstraße nach S): Aus der Gruppe „Berühmte Regensburger 1". Dr. Heinrich Held (1868–1938), gebürtig aus Erbach/Pfalz, ab 1899 in Regensburg. Journalist, tätig für den Zeitungsverleger Josef Habbel (vgl. „Habbelstraße") als Redakteur, Chefredakteur, zuletzt als Mitherausgeber; Stadtrat 1908–1924; Mitglied des bayerischen Landtags (Zentrum bzw. BVP) 1907–1933; bayerischer Ministerpräsident 1924–1933; Ehrenbürger der Stadt Regensburg 1926.

Dr.-Hipp-Straße (Kasernenviertel; ⓫ G 10; zwischen Graf-Spee-Straße und Mackensenstraße): Aus der Gruppe „Berühmte Regensburger 1". Dr. Otto Hipp (1885–1952), gebürtig aus München, 1918–1933 in Regensburg. Oberbürgermeister 1920–1933, von den Nationalsozialisten zum Rücktritt gezwungen. 1945 kurzzeitig Bürgermeister in München und bayerischer Kultusminister.

Dr.-Johann-Maier-Straße (Innerer Westen; ⓯ E 8; zwischen Platz der Einheit und Gumpelzhaimerstraße): Aus der Gruppe „Berühmte Regensburger 2". Dr. Johann Maier (1906–1945), gebürtig aus Berghofen/Niederbayern, ab 1939 in Regensburg als Domprediger. Dr. Maier war Sprecher auf der Demonstration, die sich in Regensburg im April 1945 spontan organisierte und zur kampflosen Übergabe der Stadt an die amerikanischen Truppen aufrief. Die nationalsozialistischen Machthaber ließen ihn – zusammen mit Josef Zirkl (vgl. „Zirklstraße") – noch während der Kundgebung verhaften, standrechtlich verurteilen und in der folgenden Nacht auf dem Moltkeplatz (vgl. „Dachauplatz") hinrichten. (Vgl. auch „Lottnerstraße".)

Dr.-Leo-Ritter-Straße (geplant) (Äußerer Westen; ⓯ C 8): Aus der Gruppe „Berühmte Regensburger 2". Dr. Leo Ritter (1890–1975), Chirurg und Chefarzt am nahegelegenen Krankenhaus der Barmherzigen Brüder.

Dr.-Stöckl-Straße (Äußerer Westen; ⓯ D 8; von der Eisenmannstraße nach S): Aus der Gruppe „Berühmte Regensburger 2". Dr. Karl Stöckl (1873–1959), gebürtig aus Eichstätt/Oberbayern, ab 1919 in Regensburg. Professor für Mathematik, Physik und Astronomie am Lyzeum Albertinum bzw. der Philosophisch-Theologischen Hochschule 1919–1936 und nochmals kurzzeitig nach 1945. Dr. Stöckl war weithin bekannt für seine populären Vorträge zur Astronomie in der Regensburger Sternwarte.

Dr.-Theobald-Schrems-Straße (Ostenviertel; ❿ G/H 9; von der Weißenburgstraße nach O): Aus der Gruppe „Berühmte Regensburger 1". Dr. Theobald Schrems (1893–1963), gebürtig aus Mitterteich/Oberpfalz, ab seinem Studium in Regensburg. Domkapellmeister 1924–1963; Ehrenbürger der Stadt Regensburg 1963.

Dr.-Wunderle-Straße (Altstadt; ❶ F 8d): Ursprünglich „Wermutstraße", nach den hier ansässigen Wermut-Herstellern. 1968 umbenannt, nach Dr. Karl Adolf Wunderle (1879–1967), Syndikus und Rechtsberater, der sein gesamtes Vermögen dem Bürgerstift St. Michael vermachte.

Drehergasse (Steinweg; ❷ ❸ F 7; von der Frankenstraße nach S): Wahrscheinlich nach einer Familie, die hier ansässig war.

Drei-Helm-Gasse (Altstadt; ❶ F 8d): Nach dem früher hier bestehenden Gasthof „Zu den drei Helmen", dessen Standort heute im Neubau des Kaufhauses „Horten" aufgegangen ist.

Drei-Kronen-Gasse (Altstadt; ❶ F 8d): Nach dem traditionell hier bestehenden Gasthof „Zu den drei Kronen" (heute: Drei-Kronen-Gasse 6).

Drei-Mohren-Straße (Altstadt; ❶ F 8a/c): Nach dem früher hier bestehenden Gasthof „Zu den drei Mohren" (heute: Drei-Mohren-Straße 4).

Dreifaltigkeitsbergweg (Steinweg; ❸ F 7): Nach der Lage am Hang des Dreifaltigkeitsberges. (Vgl. auch „Am Dreifaltigkeitsberg".)

Drosselweg (Reinhausen; ❼ G 6; vom Röhrlbergweg nach W): Aus der Gruppe „Vögel".

Droste-Hülshoff-Weg (Burgweinting; ⓲ I 12; im N des Neubaugebiets): Aus der Gruppe „Frauen". Annette von Droste-Hülshoff (1797–1848), Schriftstellerin der Romantik.

Dürerstraße (Königswiesen; ⓮ C/D 10; von der Ziegetsdorfer Straße nach O): Aus der Gruppe „Bildende Künstler". Albrecht Dürer (1471–1528), Maler und Kupferstecher der Renaissance.

Dultplatz (Steinweg; ❷ F 7): Benannt nach der Lage und der Funktion. Seit dem Mittelalter gab es in Stadtamhof zweimal jährlich einen Markt, die „Dult“ genannt, abgehalten auf der Hauptstraße und der nördlich anschließenden Freifläche, dem Protzenweiher (vgl. „Am Protzenweiher“). In den 1970er Jahren, mit dem Bau des Europakanals, (vgl. „Am Europakanal“) wurde die Dult westwärts verlegt; die Bezeichnung „Dultplatz“ blieb jedoch an einem Straßenzug in der Nähe des alten Veranstaltungsortes haften.

E

Eberlstraße (Ziegetsdorf; ⓭ D 11; von der Schmellerstraße nach W): Aus der Gruppe „Schriftsteller 1". Josef Eberl, bayerischer Volks- und Heimatdichter. Eberl lebte jahrelang in Regensburg.

Eck zum Vaulschink (Altstadt; ❶ F 8c): Bis 1885 hieß das kurze Straßenstück tatsächlich „Zum faulen Schinken". Dann kam die These auf, daß dahinter eigentlich der alte Familienname „Vaulschink" stehe, und die Straße wurde umbenannt. Die Belege sind jedoch zweifelhaft.

Eduard-Mühlbauer-Weg (Königswiesen-Süd; ⓭ D 11): Eduard Mühlbauer (1891–1980), Vorstand der Werner Siemens AG, mitverantwortlich für die Ansiedlung des Siemens-Werks in Regensburg. Ehrenbürger der Stadt Regensburg 1966.

Egerstraße (Konradsiedlung; ❺ H 5/6; zwischen Im Reichen Winkel und Aussiger Straße): Aus der Gruppe „Deutsche Nation". Stadt im Sudetenland (Staat: Tschechien) außerhalb Deutschlands mit (ehemals) deutscher Bevölkerung und deutscher Vergangenheit.

Ehrenfelsstraße (Kasernenviertel; ⓫ H 9; zwischen Guerickestraße und Walderdorffstraße): Aus der Gruppe „Berühmte Regensburger 1". Adeliges Geschlecht mit Besitzungen in der Umgebung von Regensburg, das im Mittelalter immer wieder auch in Regensburg auftaucht. Ein Konrad von Ehrenfels lebte Ende des 13. Jahrhunderts in dem seither so genannten „Ehrenfelser Hof" (heute: Schwarze-Bären-Straße 2); ein Heinrich von Ehrenfels war Anfang des 14. Jahrhunderts Bürgermeister.

Eibenweg (geplant) (Keilberg; ❻ L 6): Aus der Gruppe „Wald und Flur".

Eichendorffstraße (Ziegetsdorf; ⓭ D/E 11; von der Schmellerstraße nach O): Aus der Gruppe „Schriftsteller 1". Joseph von Eichendorff (1788–1857), Schriftsteller der Romantik.

Eichenstraße (Margaretenau; ⓯ D 8/9): Aus der Gruppe „Bäume".

Eifelstraße (Sallerner Berg; ❹ G 5/6): Aus der Gruppe „Mittelgebirge in Mitteleuropa".

Eigenheimweg (Kumpfmühl; ⓭ E 10; zwischen Bischof-Wittmann-Straße und Oberndorferstraße): Benannt nach der Lage. Hier entstand in den 1920er Jahren eine kleine Siedlung von Eigenheimen. In der Nachbarschaft existieren noch die zugehörigen Kleingärten (vgl. „Oberndorferstraße").

Einhauser Straße (Kasernenviertel; ⓫ I 10; von der Dieselstraße nach SW): Nach der Lage beim **Pürkelgut**, das früher aufgrund seiner Lage in weithin unbebauter Gegend „Einhausen“ hieß. Seinen heutigen Namen bekam der Gutshof erst im 18. Jahrhundert nach dem damaligen Besitzer, dem Regensburger Bürger und Patrizier Johann Jakob Pürkel.

Einhorngäßchen (Altstadt; ❶ F 8a): Nach dem früher hier bestehenden Gasthof „Zum Schwarzen Einhorn“ (heute: Einhorngäßchen 2).

Eisackerstraße (Irl; ❿ M 10): Flurname. Verweis auf frühere landwirtschaftliche Nutzung und wahrscheinlich, angesichts der Nähe zur Donau, auf häufigen Eisstoß.

Eisenerzweg (Keilberg; ❻ L 6): Hier wurde im 19. Jahrhundert vorübergehend Eisenerz abgebaut (und Kaolin; vgl. „Schlemmhüttenweg“).

Eisenmannstraße (Äußerer Westen; ⓯ C/D 8; zwischen Hochweg und Dornierstraße): Aus der Gruppe „Berühmte Regensburger 2“. Rudolf Eisenmann (1894–1954), gebürtig aus Steinling/Oberpfalz, ab 1927 in Regensburg. Musiklehrer und Komponist, Verfasser zahlreicher Lieder und Chorwerke.

Eisenrinerweg (geplant) (Keilberg; ❻ L 6): Flurname. Die Bezeichnng „Eisenriner“ haftet an einem Gelände im Nordosten der Hochfläche von Keilberg.

Elferstraße (Kasernenviertel; ⓫ H 10; von der Landshuter Straße nach W): Aus der Gruppe „Militär und Militärs“. In der Nähe befand sich die Kaserne des 11. Bayerischen Infanterieregiments „Von der Tann“, deren Angehörige im Volksmund die „Elfer“ genannt wurden. Teile der Kasernengebäude, genutzt unter anderem vom Versorgungsamt und vom Wasserwirtschaftsamt, sind bis heute erhalten.

Elisabeth-Selbert-Weg (Burgweinting; ⓲ K 12; im S des Neubaugebiets): Aus der Gruppe „Frauen“. Elisabeth Selbert (1896–1986), Politikerin, Mitglied des Parlamentarischen Rats 1948–1949.

Elisabethstraße (Westheim; ⓯ D 7): Aus der Gruppe „Frauen des mittelalterlichen Regensburg“. Elisabeth (1227–1273), Tochter Herzog Ottos II. von Bayern, Gattin König Konrads IV.

Elsässer Straße (Steinweg; ❸ F 6; zwischen Pfälzer Straße und Lothringer Straße): Aus der Gruppe „Südwestdeutsche Länder“ (wobei „südwestdeutsch“ nicht politisch, sondern kulturell und historisch zu verstehen ist).

Emma-Ihrer-Weg (Burgweinting; ⓲ I 12; im S des Neubaugebiets): Aus der Gruppe „Frauen“. Emma Ihrer (1875–1911), Gewerkschafterin und Frauenrechtlerin.

Emmeramsplatz (Altstadt; ❶ F 8c): Hier befand sich das Benediktinerkloster St. Emmeram, gegründet um 700 an der Stelle, wo kurz zuvor Emmeram bestattet worden war, ein Wanderbischof aus Aquitanien, der nach Regensburg an den Hof des Herzogs von Bayern gekommen war, um missionarisch zu wirken, jedoch in Intrigen verwickelt und ermordet wurde. Das Kloster war eines der ältesten in Regensburg; die **Kirche St. Emmeram** legt bis heute Zeugnis von seiner herausragenden Bedeutung ab. Das Kloster wurde 1802/10 säkularisiert; die Gebäude gingen damals vollständig in den Besitz der Familie der Fürsten von Thurn und Taxis über. Heute: **fürstliches Schloß**.

Engelburgergasse (Altstadt; ❶ F 8a): Wahrscheinlich besaß ein gewisser Engelbold bzw. seine Familie hier früher ein Anwesen. In dieser Form taucht der Straßenname im Mittelalter auf; erst ab dem 16. Jahrhundert wurde „Engelburg" daraus.

Engelhartstraße (Innerer Westen; ⓯ D 7; zwischen zwei Teilstücken der Josef-Adler-Straße): Aus der Gruppe „Berühmte Regensburger 2". Franz Xaver Engelhart (1861–1923), Domkapellmeister 1891–1923.

Entengang (Altstadt; ❶ F 8c): Ursprünglich wurde der Name für das westliche Stück des heutigen St.-Peters-Wegs gebraucht; erst 1908 wurde er auf die kleine Seitengasse übertragen. Die wahrscheinlichste Erklärung des Namens: „enterisch" = „unheimlich", und zwar wegen der Nähe zum ehemaligen Friedhof des Klosters St. Emmeram mit zugehörigem Beinhaus.

Enzianweg (Kasernenviertel; ⓫ G 10; vom Unterislinger Weg nach O): Aus der Gruppe „Blumen".

Erasmusweg (Oberisling; ⓱ G 12/13): Aus der Gruppe „St. Emmeram in Oberisling". Erasmus Nittenauer, Abt des Klosters St. Emmeram 1540–1561. Er kaufte 1546 Oberisling, das sich zwischenzeitlich in anderem Besitz befunden hatte, für sein Kloster zurück.

Erbprinz-Franz-Joseph-Straße (Kasernenviertel; ⓫ H 10; von der Landshuter Straße nach SW): Aus der Gruppe „Militär und Militärs". Franz Joseph von Thurn und Taxis (1893–1971), Sohn Fürst Alberts (vgl. „Albertstraße"), Erbprinz; Offizier des bayerischen Heeres, Teilnehmer des Ersten Weltkriegs. *Nach* der Benennung der Straße regierender Fürst 1952–1971, Ehrenbürger der Stadt Regensburg 1963.

Erdbeerweg (Keilberg; ❻ L 5/6): Aus der Gruppe „Wald und Flur".

Erhardigasse (Altstadt; ❶ F 8b/d): In einem der Anwesen (heute: Erhardigasse 1) befindet sich die **Erhardikapelle**. Hier soll der Legende nach Erhard gelebt haben, ein Wanderbischof, der um 700 nach Regensburg kam und seine letzten Jahre am Hof des Herzogs von Bayern verbrachte. Die historisch belegbaren Tatsachen sprechen dafür, daß die Kapelle erst im 10. Jahrhundert entstand.

Erikaweg (Kasernenviertel; ⓫ G 10/11; von der Burgunderstraße nach S): Aus der Gruppe „Blumen“.

Erlanger Straße (Steinweg; ❷ F 7; von der Frankenstraße nach S): Aus der Gruppe „Städte in Franken“.

Erlenweg (Leoprechting; ⓱ F 12): Flurname. Verweis auf den früheren ländlichen Charakter der Gegend.

Erminoldweg (Großprüfening; ⓮ B 9/10): Erminold (gest.1121), Abt des Benediktinerklosters Hirsau und, ab 1114, des neugegründeten Klosters St. Georg in Prüfening (vgl. „Prüfeninger Schloßstraße“).

Ernst-Reuter-Platz (Innenstadt; ❶ F 9): Ernst Reuter (1889–1953), Oberbürgermeister von Berlin bzw. Regierender Bürgermeister von West-Berlin 1946–1953. – Bezug: Reuter war in den Jahren der deutschen Teilung eine der Symbolfiguren der deutschen Einheit. (Vgl. auch „Platz der Einheit“.)

Erzbischof-Buchberger-Allee (Kumpfmühl; ⓭ D/E 10; von der Augsburger Straße nach W): Aus der Gruppe „Katholisches Regensburg“. Michael Buchberger (1874–1961), Professor am Lyceum Albertinum (der späteren Philosophisch-Theologischen Hochschule) 1906–1908, Bischof 1927–1961, Erzbischof „ad personam“ 1950, Ehrenbürger der Stadt Regensburg 1950.

Erzgebirgstraße (Sallerner Berg; ❹ ❺ G 6): Aus der Gruppe „Mittelgebirge in Mitteleuropa“.

Eschenbacher Straße (Haslbach; ❹ H 3): Aus der Gruppe „Traditionelle Industriestädte in Nordostbayern“. Standort der Porzellanindustrie.

Eschenweg (geplant) (Keilberg; ❻ L 5/6): Aus der Gruppe „Wald und Flur“.

Eupener Straße (Konradsiedlung; ❺ I 5; zwischen Sandgasse und Posener Straße): Aus der Gruppe „Deutsche Nation“. Stadt im Rheinland, von Deutschland im Friedensvertrag von Versailles an Belgien abgetreten.

F

Fährenweg (Großprüfening; ⓮ A/B 9): Benannt nach dem Zielort. Verlauf: von Großprüfening zur Donaufähre nach Kleinprüfening.

Fahrbeckgasse (Altstadt; ❶ G 8): Ursprünglich „Rammlergasse", nach einer hier ansässigen Familie. 1885 umbenannt, nach Georg von Fahrbeck (1788–1878), General; Grund: Fahrbeck gründete in Regensburg eine Stiftung zur Unterstützung verkrüppelter und arbeitsunfähiger Menschen.

Falkensteinstraße (Reinhausen; ❼ G 7; von der Brennesstraße nach N): Aus der Gruppe „Bayerischer Wald 3: Hochwald". Berg im Bayerischen Wald.

Fanny-Hensel-Weg (Burgweinting; ⓲ I 12; im N des Neubaugebiets): Aus der Gruppe „Frauen". Fanny Mendelssohn-Hensel (1805–1847), Komponistin der Romantik.

Fasanerieweg (Dechbetten; ⓮ B 9/10; zwischen Dechbettener Weinberg und Erminoldweg): Nach der Lage bei der ehemaligen Fasanerie im Park des Schlosses Prüfening (vgl. „Prüfeninger Schloßstraße").

Fellingerbergstraße (Schwabelweis; ❾ L 7): Nach der Lage am Hang des Fellinger Bergs, einer Erhebung nordöstlich von Schwabelweis.

Feuerbachweg (Dechbetten; ⓮ C 9/10; von der Schwalbenneststraße nach SO): Aus der Gruppe „Bildende Künstler". Anselm Feuerbach (1829–1880), Maler des Klassizismus.

Fichtelgebirgstraße (Sallerner Berg; ❺ G 6; zwischen Riesengebirgstraße und Erzgebirgstraße): Aus der Gruppe „Mittelgebirge in Mitteleuropa".

Fidelgasse (Altstadt; ❶ E 8b): Wahrscheinlich nach einer Familie, die hier ansässig war. Der Straßenname taucht schon im Mittelalter auf.

Fikentscherstraße (Kumpfmühl; ⓭ F 9/10; von der Gutenbergstraße nach S): Friedrich Johann Fikentscher (1810–1879), Gründer der ersten Zuckerfabrik in Regensburg (1838–1888) (heute: Kumpfmühler Straße 4; Justizgebäude).

Finkenweg (Reinhausen; ❼ G 6; von Am Judenfeld nach NW): Aus der Gruppe „Vögel".

Fischgässel (Altstadt; ❶ F 8a): Das gewerbliche Zentrum von Regensburg befand sich früher auf der Achse vom Kohlenmarkt zum Haidplatz. Manche Märkte lagen jedoch abseits davon, so der Fischmarkt, der nahe der Donau abgehalten wurde (vgl. „Fischmarkt"). Seine Anbindung an die innerstädtische Platzfolge und die dortigen Märkte war das Fischgässel. (Vgl. ähnlich „Schmerbühl“ für den Fleischmarkt, „Weingasse“ für den Weinmarkt.)

Fischlstraße (Stadtamhof; ❷ F 7): Johann Fischl, Schiffermeister, wohnhaft am Gries (heute: Am Gries 16), stiftete 1720 eine steinerne Säule mit Kruzifix. Sie stand ursprünglich vor seinem Haus; 1922 wurde sie an die Ecke Andreasstraße/Seifensiedergasse versetzt.

Fischmarkt (Altstadt; ❶ F 8a): Unweit der Donau befand sich früher, aus naheliegenden Gründen, die Stelle, wo Fisch verkauft wurde. Die steinernen Bänke, auf denen die Ware präsentiert wurde, aufgestellt 1529 vom damaligen Stadtbaumeister Albrecht Altdorfer (vgl. „Altdorferplatz/ -straße“), sind noch erhalten.

Flandernstraße (Konradsiedlung; ❺ H 5; von der Dolomitenstraße nach W): Aus der Gruppe „Deutsche Nation“. Region im westlichen Belgien und im nordwestlichen Frankreich; Schauplatz bedeutender Schlachten während des Ersten Weltkriegs.

Fleischmannstraße (Schwabelweis; ❾ K 7/8): Fleischmann (1830–1900), Bürgermeister von Schwabelweis vor dessen Eingemeindung nach Regensburg 1924.

Fliederweg (geplant) (Keilberg; ❻ L 5): Aus der Gruppe „Wald und Flur“.

Flößerstraße (Steinweg; ❸ F 6; zwischen Köhlerstraße und Holzfällerstraße): Aus der Gruppe „Holz und Holzverarbeitung“.

Florian-Seidl-Straße (Galgenberg; ⓬ G 11; zwischen Galgenbergstraße und Unterislinger Weg): Florian Seidl (1893–1972), Schriftsteller. – Bezug: Seidl lebte und arbeitete in München, war aber gebürtiger Regensburger.

Fluderstraße (Reinhausen; ❼ G 6; von der Amberger Straße nach O): Der Regen war jahrhundertelang ein wichtiger Transportweg für Holz (vgl. Gruppe „Holz und Holzverarbeitung“). Die Flößer, auch Fluder, waren aus verständlichen Gründen in der unmittelbaren Nähe ihres „Arbeitsplatzes“, des Flusses, ansässig.

Frankenstraße (Weichs/Reinhausen/Stadtamhof/Steinweg/Pfaffenstein; ❷ ❸ ❼ ❽ E/F/G 7): Benannt nach der Zielrichtung. Im 20. Jahrhundert geschaffene Alternative für den Fernverkehr von Regensburg in Richtung Franken und Nürnberg. (Zum traditionellen Verlauf vgl. „Alte Nürnberger Straße“.)

Franz-Hartl-Straße (Galgenberg; ⓬ G 11; von der Florian-Seidl-Straße nach S): Franz Hartl (1907–1976), VW-Großhändler, Träger der Silbernen Bürgermedaille (1967).

Franz-Joseph-Strauß-Allee (Graß; 17 D/E/F 11/12): Franz Joseph Strauß (1915–1988), 1978–1988 bayerischer Ministerpräsident (CSU), Ehrenbürger der Stadt Regensburg 1985. – Bezug: Strauß setzte sich intensiv dafür ein, den Aufbau der Universität mit der Errichtung eines Klinikums zu vollenden.

Franz-Winzinger-Weg (Königswiesen-Süd; 13 D 11): Franz Winzinger (1910–1983), Kunsthistoriker, Kunstsammler, Maler, Graphiker; Professor für Kunstgeschichte an der Philosophisch-Theologischen Hochschule in Regensburg. Winzinger unternahm ausgiebige Forschungen zu Leben und Werk Albrecht Altdorfers (vgl. „Altdorferplatz/-straße").

Franz-von-Kobell-Straße (Ganghofersiedlung; 13 E 11): Aus der Gruppe „Schriftsteller 1". Franz von Kobell (1803–1882), bayerischer Volks- und Heimatdichter.

Franz-von-Taxis-Ring (Rennplatz; 15 B/C 8/9): Aus der Gruppe „Thurn und Taxis 3: Rennplatz". Franz von Taxis (1459–1517), Begründer des Postwesens und damit der Erfolgsgeschichte seiner Familie.

Franzensbader Weg (Konradsiedlung; 5 H 6; zwischen Taunusstraße und Teplitzer Straße): Aus der Gruppe „Deutsche Nation". Stadt im Sudetenland (Staat: Tschechien) außerhalb Deutschlands mit (ehemals) deutscher Bevölkerung und deutscher Vergangenheit.

Franziskanerplatz (Stadtamhof; 2 F 7): Hier befand sich das Kloster der Franziskaner(-reformaten), gegründet 1650, säkularisiert und aufgelöst 1802. Von der Anlage ist nichts mehr erhalten; sie wurde 1809 durch Kriegseinwirkung (vgl. „Österreicherweg") zerstört (heute: Franziskanerplatz 8, Wohnhaus, und Franziskanerplatz 10, Landesvermessungsamt).

Frauenbergl (Altstadt; 1 F 8d): Hier, an der Rückseite des ehemaligen Salzburger Hofs (vgl. „Salzburger Hof"), wo ein leicht ansteigender Weg verläuft, befand sich früher eine kleine Kapelle mit einer Skulptur von Maria, „Unserer Lieben Frau". Beides verschwand beim Abbruch des Salzburger Hofs 1895/96.

Frauendorferstraße (Kumpfmühl; 13 F 9; zwischen Gutenbergstraße und Bischof-Konrad-Straße): Heinrich von Frauendorfer (1855–1921), bayerischer Verkehrsminister 1904–1912 und 1918–1919. – Bezug: Frauendorfer war gebürtiger Oberpfälzer (aus Höll bei Waldmünchen) und ging (unter anderem) in Regensburg zur Schule.

Frauenholzweg (geplant) (Keilberg; 6 L 6): Flurname. Die Bezeichnung „Frauenholz" haftet an einem östlich gelegenen Waldstück.

Frauenzellstraße (Wutzlhofen; 5 H/I 4): Aus der Gruppe „Bayerischer Wald 2: Vorwald".

Freiherr-vom-Stein-Straße (Äußerer Westen; ⓯ C 8/9; von der Prüfeninger Straße nach N): Aus der Gruppe „Befreiungskriege". Karl Freiherr vom und zum Stein (1757–1831), preußischer Staatsmann und Reformer.

Friedenstraße (Galgenberg/Kumpfmühl; ⓬ ⓭ E/F 9): Die Bezeichnung gehört in den Kontext der Straßen, die in der Gründerzeit benannt wurden (vgl. Gruppe „Gründerzeit", „Wilhelmstraße", „Augustenstraße", „Luitpoldstraße", „Wittelsbacherstraße"). Sie erinnert an den Frieden von Frankfurt 1871, der den deutsch-französischen Krieg von 1870/71 beendete.

Friedrich-Ebert-Straße (Königswiesen; ⓮ D 9/10; zwischen Erzbischof-Buchberger-Straße und Dr.-Gessler-Straße): Friedrich Ebert (1871–1925), Politiker (SPD), Reichskanzler 1918–1919, Reichspräsident 1919–1925. – Bezug: Ebert stand für ein demokratisches und vor allem soziales Deutschland; ähnliches, nämlich sozialpolitisches Gedankengut spielte auch bei der Planung von Königswiesen eine Rolle.

Friesenstraße (Kasernenviertel; ⓫ H 10; zwischen Schwabenstraße und Sachsenstraße): Aus der Gruppe „Germanisch-deutsche Volksstämme".

Fritz-Schäffer-Weg (Königswiesen-Süd; ⓭ D 10): Aus der Gruppe „Politiker des demokratischen Deutschland und Bayern". Fritz Schäffer (1888–1967), bayerischer Ministerpräsident (CSU) 1945, Finanzminister 1949–1957, Justizminister 1957–1961.

Frobenius-Forster-Straße (Schwabelweis; ❾ K 7/8): Aus der Gruppe „St. Emmeram in Schwabelweis". Fürstabt des Reichsstifts St. Emmeram 1762–1791, Erbauer der neuen Kirche St. Georg in Schwabelweis (1770–1776).

Fröhliche-Türken-Straße (Altstadt; ❶ F 8d): Nach dem früher hier bestehenden Gasthof „Zum fröhlichen Mann" (heute: Fröhliche-Türken-Straße 3). Er wurde im 18. Jahrhundert von einer Familie Türk betrieben.

Fuchsengang (Altstadt; ❶ F 8d): Ein Bäckermeister namens Georg Christoph Fuchs besaß hier Anfang des 19. Jahrhunderts zwei Anwesen, die an den beiden Enden der Straße lagen.

Fuchsgäßchen (Altstadt; ❶ F 8a): Ein Mehlhändler namens Adam Fuchs besaß hier Anfang des 19. Jahrhunderts ein Anwesen (heute: Metgebergasse 10).

Fürnrohrstraße (Königswiesen-Süd; ⓭ D 11; von der Johann-Schwäbl-Straße nach S): August Emanuel Fürnrohr (1804–1861), Naturhistoriker, Professor für Naturgeschichte am Lyceum Albertinum (der späteren Philosophisch-Theologischen Hochschule) 1839–1861, Präsident der Botanischen Gesellschaft 1846–1861. Fürnrohr gehörte zu den bedeutendsten naturwissenschaftlichen Forschern im Regensburg des 19. Jahrhunderts; sein Hauptwerk ist die „Naturhistorische Topographie von Regensburg“ (1838–1840).

Fürst-Albert-Allee (Großprüfening; ⓮ A/B 9/10): Fürst Albert von Thurn und Taxis (vgl. „Albertstraße“) erwarb 1899 den Besitz des benachbarten ehemaligen Klosters Prüfening und wandelte es in das Schloß Prüfening um (vgl. „Prüfeninger Schloßstraße“).

Fürst-Anselm-Allee (Innenstadt; ❶ E/F 8d/9): Aus der Gruppe „Thurn und Taxis 1: Schloß“. Fürst Karl Anselm von Thurn und Taxis (vgl. „Karl-Anselm-Straße“) ließ von 1779 bis 1781 zum Zweck der Stadtverschönerung rings um Regensburg, unmittelbar außerhalb der damals noch existierenden Befestigungsanlagen, eine Allee anlegen. Sie wurde später parkähnlich umgestaltet; in dieser Form existiert sie noch heute.

Further Straße (Reinhausen; ❼ G 7; zwischen Nußbergerstraße und Ortenburgerstraße): Aus der Gruppe „Bayerischer Wald 3: Hochwald“. Ort im Bayerischen Wald an der Grenze nach Böhmen.

Furtmayrstraße (Galgenberg/Kasernenviertel; ⓫ ⓬ F/G 9): Aus der Gruppe „Berühmte Regensburger 1“. Berthold Furtmayr (ca. 1435/40 – kurz nach 1501), Buchmaler im Stil der Spätgotik, letzter bedeutender Vertreter der langen Reihe großer mittelalterlicher Buchmaler aus und in Regensburg.

G

Gabelsbergerstraße (Innenstadt/Ostenviertel; ❶ ❿ G 8; zwischen Landshuter Straße und Adolf-Schmetzer-Straße): Franz Xaver Gabelsberger (1789–1849), Erfinder der Kurzschrift.

Gärtnerstraße (Weichs; ❾ H 7/8; vom Weichser Weg nach S): Weichs mit seinem fruchtbaren Boden war im 19. und zu Beginn des 20. Jahrhunderts eines der wichtigsten deutschen Anbaugebiete für Gemüse und, vor allem, für Rettich. (Vgl. auch „Am Wurzgarten“, „Weichser Radiweg“.)

Gäßchen ohne End (Altstadt; ❶ F 8c): „Sprechender“ Straßenname. Heute würde man einfach „Sackgasse“ sagen.

Galgenbergstraße (Galgenberg; ⓬ F/G 9/10/11): Benannt nach der Lage. Auf der Anhöhe südlich der Altstadt befand sich früher eine Hinrichtungsstätte der Freien Reichsstadt Regensburg.

Gallingkofen (Gallingkofen; ❹ F 5): Hauptstraße des ehemals nicht zu Regensburg gehörigen Orts Gallingkofen. Gallingkofen, 1228 zum ersten Mal erwähnt, wurde 1924 nach Regensburg eingemeindet. Gallingkofen bildete mit dem benachbarten Sallern eine Hofmark (vgl. „Sallerergasse“); sie war im Lauf der Zeit im Besitz verschiedener adeliger Geschlechter (vgl. „Sallerergasse“, „Sattelbogenerstraße“, „Albergerstraße“, „Hauzensteiner Straße“).

Gambachweg (Reinhausen; ❼ H 7; von der Künischen Straße nach O): Aus der Gruppe „Flüsse in Bayern“.

Gartenweg (Harting; ⓲ L 12): Aus der Gruppe „Dorf Harting“.

Gaubaldstraße (Kumpfmühl; ⓭ E 10; zwischen Steiglehnerweg und Oberndorferstraße): Aus der Gruppe „Katholisches Regensburg“. Gaubald, Bischof von Regensburg 739–761. Gaubald war der erste kanonische, sozusagen „ordentliche“ Bischof von Regensburg, nachdem das Bistum im Jahr 739 ordnungsgemäß – eben „kanonisch“ – eingerichtet worden war.

Gebhardstraße (Stadtamhof; ❷ F 7): Gebhard (12. Jh.), Kleriker, Gründer des Stifts St. Mang/St. Andreas (vgl. „Andreasstraße“).

Geibelplatz (Ganghofersiedlung; ⓭ E 11): Aus der Gruppe „Schriftsteller 1“. Emanuel Geibel (1815–1884), Schriftsteller in der Tradition von Klassik und Romantik.

Geiersbergweg (Steinweg; ❸ F 6): Nach der Lage am Hang des Dreifaltigkeitsberges, der früher, vor dem Bau der Kirche zur Hl. Dreifaltigkeit, „Geiersberg“ (oder auch „Osterberg“) hieß. (Vgl. auch „Am Dreifaltigkeitsberg“.)

Gemeinerstraße (Kasernenviertel; ⓫ G 9; von der Furtmayrstraße nach N): Aus der Gruppe „Berühmte Regensburger 1". Carl Theodor Gemeiner (1756–1823), gebürtig aus Regensburg. Syndikus, Stadtschreiber, Archivar und Bibliothekar in Regensburg; Verfasser der „Regensburgischen Chronik" (1800–1824).

Georg-Herbst-Straße (Margaretenau; ⓯ C/D 9): Georg Herbst (1884–1934), Lehrer, Mitgründer und erster Vorstand der „Baugenossenschaft Margaretenau e.G.", die die benachbarte Siedlung errichtete (vgl. „Margaretenau").

Gerbergasse (Altstadt; ❶ E 8b): Früher lebten die Menschen vielfach nach Berufsgruppen zusammen. Hier waren Handwerker ansässig, die Leder produzierten, und zwar derbes Leder, wie man es für Schuhsohlen und ähnliches brauchte. (Vgl. auch „Weißgerbergraben", „Lederergasse".)

Gerhardingerstraße (Stadtamhof; ❷ F 7): Karoline Gerhardinger (1797–1879), Tochter eines Fischer- und Schiffermeisters vom Gries, Gründerin (1833) des Ordens der „Armen Schulschwestern". Seit der Jahrhundertwende sind die „Armen Schulschwestern" auch in Stadtamhof ansässig, seit 1981 in einem Kloster auf dem Grundstück, wo das Geburtshaus der Gründerin stand (heute: Am Gries 19).

Gerlichstraße (Innerer Westen; ⓯ D 8; vom Hochweg nach SO): Albert Fritz Gerlich (1883–1934), Journalist und Politiker in München. Gerlich gehörte zu den Kritikern des Nationalsozialismus und wurde deshalb 1933 verhaftet und 1934 im Konzentrationslager Dachau ermordet.

Gertrud-Bäumer-Weg (Burgweinting; ⓲ K 12; im S des Neubaugebiets): Aus der Gruppe „Frauen". Gertrud Bäumer (1873–1954), Schriftstellerin und Frauenrechtlerin.

Gertrud-von-le-Fort-Straße (Neuprüll; ⓭ E 11): Aus der Gruppe „Schriftsteller 1". Gertrud von Le Fort (1876–1971), Schriftstellerin mit religiösem und historischem Bezug.

Gesandtenstraße (Altstadt; ❶ F 8c): Hier wohnten eine ganze Reihe von Gesandten des Immerwährenden Reichstages (1663–1806); zu nennen ist insbesondere der des Kurfürsten von Sachsen. Er residierte im **Löschenkohl-Palais**, am Ende der Straße zum Neupfarrplatz hin. Auf dem Friedhof der anliegenden **Dreieinigkeitskirche**, der protestantischen Hauptkirche von Regensburg, fanden zahlreiche protestantische Gesandte die letzte Ruhe.

Gichtlgasse (Altstadt; ❶ G 8): Eine Familie Gichtl besaß hier vom 16. bis zum 18. Jahrhundert ein Anwesen (möglicherweise: Gichtlgasse 8).

Ginsterweg (geplant) (Keilberg; ❻ L 5): Aus der Gruppe „Wald und Flur".

Giselastraße (Westheim; ⓯ C 7): Aus der Gruppe „Frauen des mittelalterlichen Regensburg“. Gisela (gest. 1007), Gattin Herzog Heinrichs II. von Bayern, wurde – wie ihre Eltern, Herzog Heinrich I. und Herzogin Judith – im Stift Niedermünster begraben. An ihrem Grab ließ ihre Tochter, die ebenfalls Gisela hieß und Königin von Ungarn war, das sogenannte „Gisela-Kreuz“ aufstellen.

Glasbläserstraße (Steinweg; ❸ F 6; von der Lappersdorfer Straße nach O): Aus der Gruppe „Holz und Holzverarbeitung“. Möglicher Bezug: Zur Erhitzung der Rohstoffe, aus denen Glas gewonnen wird, benötigt man Holz.

Glockengasse (Altstadt; ❶ F 8a/c): Nach dem früher hier bestehenden Gasthof „Zur Goldenen Glocke“ (heute: Glockengasse 10).

Gluckstraße (Galgenberg; ⓬ G 10; von der Brahmsstraße nach W): Aus der Gruppe „Komponisten und Musiker“. Christoph Willibald Gluck (1714–1787), aus der Oberpfalz stammender Komponist der Frühklassik.

Gnesener Straße (Konradsiedlung; ❺ H 6; zwischen Graudenzer Straße und Plesser Straße): Aus der Gruppe „Deutsche Nation“. Stadt in Posen, von Deutschland im Friedensvertrag von Versailles an Polen abgetreten.

Görressstraße (Ziegetsdorf; ⓭ D/E 11; von der Schmellerstraße nach O): Aus der Gruppe „Schriftsteller 1“. Johann Joseph Görres (1776–1848), Schriftsteller der Romantik.

Goethestraße (Innerer Westen; ⓯ D 8; von der Prüfeninger Straße nach N): Aus der Gruppe „Schriftsteller 2“. Johann Wolfgang Goethe (1749–1832), Dichter der Klassik.

Goldene-Bären-Straße (Altstadt; ❶ F 8a/b): Nach dem früher hier bestehenden Gasthof „Zum Goldenen Bären“ (heute: Goldene-Bären-Straße 6).

Goliathstraße (Altstadt; ❶ F 8a/b): Der Straßenname ist aus einem Hausnamen entstanden, nämlich dem des **Goliathhauses** (heute: Goliathstraße 4). Dieser wiederum kommt *nicht* von dem imposanten Gemälde auf der Fassade aus dem 16. Jahrhundert; er ist schon seit dem Mittelalter belegt. Die wahrscheinlichste Erklärung: Seinerzeit hat hier eine Herberge der „Goliarden“, herumziehender Studenten und Kleriker, bestanden. Sie wurde später durch ein Patrizierhaus ersetzt; der Name jedoch blieb in abgewandelter Form bestehen.

Gozratstraße (Oberisling; ⓱ G 12): Aus der Gruppe „St. Emmeram in Oberisling“. Ein gewisser Gozrat wird um 1182/83 als Bewohner von Oberisling und Untertan des Klosters St. Emmeram erwähnt.

Grabengasse (Weichs; ❽ H 7/8; von der Johannisstraße nach S): Nach der Lage am Graben des ehemaligen Schlosses von Weichs (vgl. „Weichser Schloßgasse").

Gräßlstraße (Stadtamhof; ❷ F 7): Die Familie Gräßl betrieb im 19. und 20. Jahrhundert über vier Generationen hinweg in Stadtamhof eine Bäckerei (heute: Andreasstraße 10). Erhard Michael Gräßl, der von auswärts nach Stadtamhof zuwanderte, Franz Xaver Gräßl, sein Sohn, und Josef Gräßl, dessen Sohn, waren zudem Stadträte von Stadtamhof bzw. von Regensburg. Franz Xaver Gräßl war Bürgermeister von Stadtamhof 1893–1911.

Graf-Spee-Straße (Kasernenviertel; ⓫ G 9/10; zwischen Furtmayrstraße und Alfons-Auer-Straße): Aus der Gruppe „Militär und Militärs". Maximilian Graf von Spee (1861–1914), Offizier und Vizeadmiral der deutschen Marine, Teilnehmer des Ersten Weltkriegs, in der Schlacht bei den Falkland-Inseln (1914), wo er auch fiel.

Graf-Zeppelin-Straße (Kasernenviertel; ⓫ G 9; zwischen Hermann-Geib-Straße und Graf-Spee-Straße): Aus der Gruppe „Militär und Militärs". Ferdinand Graf von Zeppelin (1838–1917), Offizier im württembergischen Heer, Teilnehmer des deutsch-französischen Kriegs 1870/71; Erfinder des Luftschiffs.

Grasgasse (Altstadt; ❶ F 8d): Auf einem der hiesigen Anwesen (heute: Grasgasse 10) befand sich vom 15. bis zum 19. Jahrhundert ein Bauernhof, der „Grashof" genannt wurde. Solche Stadtbauernhöfe waren in Regensburg früher relativ zahlreich und meist am (damaligen) Stadtrand gelegen (vgl. „Krauterermarkt", „Von-der-Tann-Straße").

Graßer Weg (Neuprüll/Graß; ⓭ ⓱ E 11/12): Benannt nach dem Zielort. Verlauf: von Neuprüll nach Graß. – Der ehemals nicht zu Regensburg gehörige Ort Graß, um 1190 zum ersten Mal erwähnt, wurde 1977 nach Regensburg eingemeindet. Der Name, in alten Urkunden „Grazze", bedeutet „Gebüsch", „Gehölz".

Graudenzer Straße (Konradsiedlung; ❺ H 5/6; zwischen Memeler Straße und St.-Konrad-Platz): Aus der Gruppe „Deutsche Nation". Stadt in Westpreußen, von Deutschland im Friedensvertrag von Versailles an Polen abgetreten.

Greflingerstraße (Ostenviertel; ❿ G/H 9): Aus der Gruppe „Berühmte Regensburger 1". Georg Greflinger (1618–1677), gebürtig aus der Umgebung von Regensburg, als Erwachsener in Hamburg ansässig. Dort Herausgeber einer Zeitung (als einer der ersten in Deutschland).

Gregor-Klier-Straße (Prüfening; ⓯ B 8): Aus der Gruppe „Berühmte Regensburger 2". Gregor Klier (1880–1954), ursprünglich Journalist in Augsburg, ab 1906 in Regensburg. Mitarbeiter Dr. Georg Heims (vgl.

„Dr.-Heim-Straße"), in verschiedenen Positionen tätig im Bayerischen Christlichen Bauernverein, Kreisverband Oberpfalz.

Griesbacherstraße (Galgenberg; ⓬ G 10; zwischen Lisztstraße und Brahmsstraße): Aus der Gruppe „Komponisten und Musiker". Peter Griesbacher (1864–1933), Kirchenmusiker, Lehrer an der Kirchenmusikschule in Regensburg.

Grimmstraße (Äußerer Westen; ⓯ D 7/8; zwischen Clermont-Ferrand-Allee und Agricolaweg): Aus der Gruppe „Berühmte Regensburger 2". Friedrich Melchior Grimm (1723–1807), gebürtig aus Regensburg. Literat, Journalist, Diplomat. Grimm lebte jahrelang in Paris, stand in engem Kontakt mit Voltaire und Diderot (an dessen „Encyclopédie" er mitarbeitete), gab eine literarische Zeitung heraus, die in ganz Europa gelesen wurde, und brachte es schließlich bis zum Ratgeber der Zarin Katharina der Großen.

Großprüfening (Großprüfening; ⓮ A/B 9): Hauptstraße des ehemals nicht zu Regensburg gehörigen Orts Prüfening. Prüfening mit seinen durch die Donau voneinander geschiedenen Teilen Groß- und Kleinprüfening, 999 zum ersten Mal erwähnt, wurde 1938 nach Regensburg eingemeindet. Der Ortsname verweist darauf, daß die Siedlung von einem gewissen Probinus gegründet worden ist.

Grünbeckstraße (Innerer Westen; ⓯ D/E 8; zwischen Carlstraße und Heitzerstraße): Aus der Gruppe „Berühmte Regensburger 2". Joseph Grünpeck (1473–1532), gebürtig aus Burghausen/Oberbayern, 1505 kurzzeitig in Regensburg. Humanist und Pädagoge, vorübergehend im Dienst Kaiser Maximilians I.; Gründer einer Lateinschule in Regensburg, aus der sich in der Folge das Gymnasium Poeticum entwickelte (vgl. „Poetengäßchen").

Grünes Gäßchen (Altstadt; ❶ F 8c): „Sprechender" Straßennamen. „Grün" ist zu verstehen als Weiterentwicklung des Wortes „Krinne" = „Einkerbung", „Krümmung". Die Gasse verläuft nicht geradlinig, sondern krumm.

Grünthaler Straße (Brandlberg/Keilberg; ❻ I/K 5/6): Benannt nach dem Zielort. Verlauf: von Brandlberg in Richtung Grünthal.

Grunewaldstraße (Kasernenviertel; ⓫ I 10/11; von der Benzstraße nach SO): Aus der Gruppe „Berlin".

Gschwandfeldweg (Leoprechting; ⓱ E 13): Flurname. Verweis auf frühere forst- bzw. landwirtschaftliche Nutzung („Gschwand", von „schwinden", = „Rodung").

Güntherweg (Kumpfmühl; ⓭ D 10; zwischen Pfeilstraße und Macheinerweg): Aus der Gruppe „Bildende Künstler". Matthäus Günther (1705–1788), Freskomaler des Rokoko; Ignaz Günther (1725–1775), Bildhauer des Rokoko.

Günzstraße (Weichs; ❽ G 7; von der Naabstraße nach W): Aus der Gruppe „Flüsse in Bayern".

Guerickestraße (Kasernenviertel; ⓫ G/H 9/19; von der Zeißstraße nach NW): Aus der Gruppe „Erfinder und Entdecker". Otto Guericke (1602–1682), Physiker; Forschungen zum Vakuum; Erfinder der Luftpumpe.

Gumpelzhaimerstraße (Innerer Westen; ⓯ E 7/8; zwischen Dr.-Johann-Maier-Straße und Altdorferstraße): Aus der Gruppe „Berühmte Regensburger 2". Christian Gottlieb Gumpelzhaimer (1766–1841), gebürtig aus Regensburg. Historiker, erster Vorsitzender des Historischen Vereins für Oberpfalz und Regensburg; Verfasser von „Regensburgs Geschichte, Sagen und Merkwürdigkeiten" (1803–1838).

Gumppenbergstraße (Kasernenviertel; ⓫ G 9; zwischen Sternbergstraße und Hermann-Geib-Straße): Aus der Gruppe „Berühmte Regensburger 1". Kaspar von Gumppenberg (gest. 1532), Domdekan.

Gumprechtstraße (Kasernenviertel; ⓫ H 9; zwischen Walderdorffstraße und Guerickestraße): Aus der Gruppe „Berühmte Regensburger 1". Bürger- und Patrizierfamilie des Mittelalters, mit wichtiger Rolle im Fernhandel und in der städtischen Politik. (Ein Ortlieb Gumprecht zum Beispiel war Bürgermeister von Regensburg.) Ihr Wohnhaus befand sich gegenüber vom Alten Rathaus (heute: Neue-Waag-Gasse 1).

Guntherstraße (Kumpfmühl; ⓭ F 10; von der Universitätsstraße nach W): Aus der Gruppe „Nibelungen".

Gutenbergplatz (Altstadt; ❶ F 8c): Kein historischer Platz, sondern entstanden durch den Abbruch einiger Häuser am Ende des 19. Jahrhunderts. Gegenüber befand sich damals der Verlag Friedrich Pustet, deshalb lag es nahe, den Platz nach Johannes Gutenberg, dem Erfinder der Buchdruckerkunst, zu benennen (vgl. „Gutenbergstraße").

Gutenbergstraße (Kumpfmühl; ⓭ E/F 9; zwischen Universitätsstraße und Bischof-Wittmann-Straße): Johannes Gutenberg (1394/98–1468), Erfinder des Buchdrucks. – Bezug: In einem der Anwesen (heute: Gutenbergstraße 17) befand sich seit 1910 die Druckerei Habbel des gleichnamigen Verlages (vgl. „Habbelstraße"), die 1974 als „Erhardidruck" in den Besitz des Bischöflichen Stuhls überging.

Guttensteinweg (Weichs; ❽ G 7/8; von der Johannisstraße nach S): Das adelige Geschlecht der Guttensteiner herrschte in der ersten Hälfte des 16. Jahrhunderts in Weichs und dem dortigen Schloß (vgl. „Weichser Schloßgasse").

Gutweinstraße (Stadtamhof; ❷ F 7): Kaspar Gutwein, Spitalmeister im Katharinen-Spital, war der prominenteste von zwölf Bürgern und Bewohnern von Stadtamhof, die am 12. August 1704, als österreichische Truppen im Spanischen Erbfolgekrieg die Stadt eroberten, den Kampfhandlungen zum Opfer fielen.

H

Haaggasse (Altstadt; ❶ E 8b): Die Familie Haag betrieb im 18. Jahrhundert im Eckhaus Lederergasse/Haaggasse (heute: Lederergasse 9) eine Brauerei.

Habbelstraße (Kumpfmühl; ⓭ E 9; zwischen Königswiesenweg und Reithmayrstraße): Josef Habbel (1846–1916), Verleger in Amberg und später, ab 1889, in Regensburg, baute einen großen katholischen Verlag auf. Es bestand unter der Leitung seines Sohnes bzw. seines Enkels bis 1974. – Bezug: In Kumpfmühl befand sich ab 1910 der zugehörige Druckereibetrieb (vgl. „Gutenbergstraße").

Haberlstraße (Kasernenviertel; ⓫ G 9; von der Furtmayrstraße nach S): Aus der Gruppe „Berühmte Regensburger 1". Franz Xaver Haberl (1840–1910), gebürtig aus Oberellenbach/Niederbayern, ab 1871 in Regensburg. Domkapellmeister 1871–1882, als solcher 1874 Gründer der Kirchenmusikschule (der ältesten in Deutschland), mit der Zielsetzung, die Reformideen Karl Proskes (vgl. "Proskestraße") in die Tat umzusetzen.

Hackenackerweg (Irl; ❿ L/M 10): Flurname. Verweis auf frühere landwirtschaftliche Nutzung.

Hackengäßchen (Altstadt; ❶ F 8b): Die Familie Hack betrieb im 18. Jahrhundert im Eckhaus Hackengäßchen/Thundorferstraße (heute: Hackengäßchen 2) eine Badeanstalt.

Hadamarstraße (Ziegetsdorf; ⓭ D 11; von der Ziegetsdorfer Straße nach S): Aus der Gruppe „Mittelalter in Regensburg". Hadamar von Laaber (ca. 1300–1354), berühmter Dichter und Minnesänger. Sein Vater, mit gleichem Namen, war Bürgermeister von Regensburg.

Hafnersteig (Kumpfmühl; ⓭ E 9/10; zwischen Asamstraße und Erzbischof-Buchberger-Allee): Die Regensburger Töpfer – früher auch „Hafner" genannt – bezogen ihren Rohstoff, den Lehm, traditionell aus Gruben, die zum Gutshof Königswiesen (vgl. „Königswiesenweg") gehörten. Die Straße ist das letzte verbliebene Stück des Transportwegs in die Stadt.

Haidhofweg (Brandlberg; ❻ I 5/6): Aus der Gruppe „Eisenindustrie in der Oberpfalz". Standort der Maxhütte bei Burglengenfeld.

Haidplatz (Altstadt; ❶ F 8a): Der größte mittelalterliche Platz in Regensburg, traditionell genutzt für Märkte, Versammlungen und Veranstaltungen, Feste und Turniere. Letzteres ist in die Sagenwelt eingegangen: Hier spielt die Erzählung vom Zweikampf zwischen dem Regensburger

Dollinger und dem feindlichen Hunnen Krako. Der Name erklärt sich aus der Größe: „Heide“ = „Wiese“, „Freifläche“; das war das besondere Kennzeichen des Platzes. Als zentraler Ort in der Stadt ist er umgeben von den eindrucksvollsten Patrizierhäusern, die Regensburg zu bieten hat, dem **Goldenen Kreuz**, der **Arch**, der **Neuen Waag**, dem **Thon-Dittmer-Palais**.

Haidschlagweg (Dechbetten; ⓮ C 10; von der Ziegetsdorfer Straße nach SW): Flurname. Verweis auf frühere forstwirtschaftliche Nutzung. „Heide“ ist hier weniger im Sinn von „Wiese“, „Freifläche“ zu verstehen (vgl. „Haidplatz“), sondern im Sinn von „Waldgelände“, ähnlich wie in „Lüneburger Heide“.

Hallergasse (Altstadt; ❶ G 8): Die Familie Haller betrieb im 16. und 17. Jahrhundert im Eckhaus Ostengasse/Hallergasse (heute: Ostengasse 14) eine Brauerei mit angeschlossener Gaststätte.

Hanngasse (Oberisling; ⓱ G 12/13): Aus der Gruppe „St. Emmeram in Oberisling“. In einem der Anwesen (heute: Hanngasse 7) befand sich früher der Zehenthof. Hier lieferten die Bauern von Oberisling die Abgaben ab, die sie dem Kloster St. Emmeram zu leisten hatten. Zum Gesamtkomplex gehörte auch der Zehentstadel (vgl. „Zehentstraße“). Nach der Säkularisation des Klosters 1802/10 wurde der Zehenthof von Jakob Hahn aufgekauft.

Hanns-Seidel-Weg (Königswiesen-Süd; ⓭ D 10/11): Aus der Gruppe „Politiker des demokratischen Deutschland und Bayern“. Hanns Seidel (1901–1961), Vorsitzender der CSU 1955–1961, bayerischer Ministerpräsident 1957–1960.

Hans-Hayder-Straße (Reinhausen; ❼ G 6; zwischen Brennesstraße und Sonnenstraße): Hans Hayder (1884–1958), Initiator bei der Gründung der Baugenossenschaft Stadtamhof.

Hans-Huber-Straße (Innerer Westen; ⓯ D/E 8; zwischen Steinmetzstraße und Heitzerstraße): Aus der Gruppe „Berühmte Regensburger 2“. Hans Huber, auch Hieber genannt, (gest. 1521), gebürtig aus Augsburg, ab 1517 in Regensburg. Architekt; Erbauer der Neupfarrkirche (1519–1521; vgl. „Neupfarrplatz“). Der ursprüngliche Plan Hubers wurde aus finanziellen Gründen nicht vollständig realisiert, ist aber im Modell erhalten.

Hans-Sachs-Straße (Innerer Westen; ⓯ D 7/8; zwischen Hochweg und Clermont-Ferrand-Allee): Aus der Gruppe „Schriftsteller 2“. Hans Sachs (1494–1576), „Schuster und Poet“, Meistersinger.

Hanslbergweg (Leoprechting; ⓱ F 13): Nach der Lage am Hanslberg, einer Erhebung westlich von Leoprechting.

Harthofer Weg (Reinhausen; ❼ I 6/7; zwischen Donaustaufer Straße und Isarstraße): Benannt nach dem Zielort. Verlauf: von der Donaustaufer Straße zur Konradsiedlung. Deren ältester, ab 1933 entstandener Teil (vgl. „Am Flachlberg", „Im Reichen Winkel", „Sandgasse") befindet sich auf dem Gebiet eines ehemaligen Gutshofes, der früher im Besitz des Klosters St. Emmeram war und „Harthof" genannt wurde („Hart" = „Forst").

Hartinger Straße (Burgweinting; ⓲ K 11/12; im Dorf): Benannt nach dem Zielort. Verlauf: von Burgweinting in Richtung Harting. – Der ehemals nicht zu Regensburg gehörige Ort Harting, 863 zum ersten Mal erwähnt, wurde 1977 nach Regensburg eingemeindet. Der Name verweist darauf, daß die Siedlung von einem gewissen Harto gegründet worden ist.

Harzstraße (Sallerner Berg; ❹ G 5/6): Aus der Gruppe „Mittelgebirge in Mitteleuropa".

Haslbach (Haslbach; ❹ H 3): Hauptstraße des ehemals nicht zu Regensburg gehörigen und 1924 eingemeindeten Orts Haslbach.

Haslbachweg (Wutzlhofen; ❺ H 4): Benannt nach seiner Richtung. Er ist kein historischer Verbindungsweg, sondern eine Erschließungsstraße in einem Wohngebiet und verläuft nicht bis Haslbach.

Hauzensteiner Straße (Gallingkofen; ❹ F 5): Das adelige Geschlecht der Leublfinger herrschte im 16. Jahrhundert in Sallern und Gallingkofen (vgl. „Sallerergasse", „Gallingkofen"). Die Familie hatte ihren Sitz und weitere Besitzungen in der Hofmark Hauzenstein im Bayerischen Vorwald; deshalb wurde sie manchmal auch danach benannt.

Haydnstraße (Galgenberg; ⓬ F/G 9/10; zwischen Galgenbergstraße und Alfons-Auer-Straße): Aus der Gruppe „Komponisten und Musiker". Joseph Haydn (1732–1809), Komponist der Klassik.

Haymostraße (Ostenviertel; ❿ H 8/9; von der Straubinger Straße nach N): Aus der Gruppe „Berühmte Regensburger 1". Bürger- und Patrizierfamilie des Mittelalters, besser bekannt unter dem Namen Waller. (Haymo ist eigentlich ein Vorname, den mehrere Familienangehörige führten.) Ihr Wohnhaus befand sich in der Wahlenstraße (heute: Wahlenstraße 16, mit „Goldenem Turm").

Heckenweg (Prüfening; ⓯ B 9): Flurname. Verweis auf den früheren ländlichen Charakter der Gegend.

Heckgrabenweg (Harting; ⓲ L/M 12): Aus der Gruppe „Dorf Harting".

Heckstegstraße (Harting; ⓲ L 12): Aus der Gruppe „Dorf Harting".

Hedwig-Dransfeld-Weg (Burgweinting; ⓲ I 12; im S des Neubaugebiets): Aus der Gruppe „Frauen". Hedwig Dransfeld (1871–1925), Politikerin und Frauenrechtlerin.

Hedwigstraße (Westheim; ⓯ C 7): Aus der Gruppe „Frauen des mittelalterlichen Regensburg". Hedwig (1174/78–1243) aus dem Geschlecht der Grafen von Andechs, Gattin Herzog Heinrichs von Schlesien. Heiligsprechung 1267.

Heidelbeerweg (geplant) (Keilberg; ❻ L 5): Aus der Gruppe „Wald und Flur".

Heiliggeistgasse (Altstadt; ❶ G 8): Hier befand sich im Mittelalter eine Heilig-Geist-Kapelle. Ihre Lage ist nicht mehr genau zu bestimmen; möglicherweise war der Standort der der heutigen **Kapelle Maria Schnee**; diese wurde jedoch erst 1731 errichtet.

Heimbergstraße (Galgenberg; ⓬ F 9/10; von der Bischof-Konrad-Straße nach S): Aus der Gruppe „Katholisches Regensburg". Konrad von Heimburg, Bischof von Regensburg 1368–1381.

Heinkelstraße (geplant) (Äußerer Westen; ⓯ C 8): Aus der Gruppe „Flieger und Flugzeugbauer". Ernst Heinrich Heinkel (1888–1958), Ingenieur, Konstrukteur von Flugzeugen.

Heinrich-Heine-Weg (Neuprüll; ⓭ E 11): Aus der Gruppe „Schriftsteller 1". Heinrich Heine (1797–1856), Schriftsteller in der Tradition der liberalen Romantik.

Heitzerstraße (Innerer Westen; ⓯ D 8/9; zwischen Prüfeninger Straße und Dechbettener Straße): Aus der Gruppe „Berühmte Regensburger 2". Joseph Heitzer (gest. 1887), rechtskundiger Magistratsrat der Stadt Regensburg.

Helenenstraße (Innenstadt; ❶ E/F 9): Aus der Gruppe „Thurn und Taxis 1: Schloß". Herzogin Helene in Bayern (1834–1890), Gattin von Erbprinz Maximilian Anton von Thurn und Taxis (1831–1867). Helene war die Schwester von Kaiserin Elisabeth von Österreich („Sissi").

Hemauerstraße (Innenstadt/Ostenviertel; ❶ ❿ F/G 9; von der D.-Martin-Luther-Straße nach O): Johann Nepomuk Hemauer (1799–1872), Kanoniker am Stift zur Alten Kapelle 1862–1872 mit starkem sozialem Engagement. Ehrenbürger der Stadt Regensburg 1871.

Hemmaweg (Kumpfmühl; ⓭ E 9; zwischen Oberländerstraße und Simmernstraße): Aus der Gruppe „Katholisches Regensburg". Hemma (810–876), Gattin König Ludwigs des Deutschen, Förderin und zuletzt auch Äbtissin des Stifts Obermünster.

Herbert-Quandt-Allee (Harting; ⓲ L/M/N 12; von der Max-Planck-Straße nach O): Herbert Quandt (1910–1982), Industrieller, Vorstandsvorsitzender der BMW AG. – Bezug: In unmittelbarer Nachbarschaft liegt das BMW-Werk Regensburg.

Hermann-Geib-Straße (Kasernenviertel/Galgenberg; ⓫ ⓬ G 9/10; von der Landshuter Straße nach S): Aus der Gruppe „Berühmte Regensburger 1". Dr. Hermann Geib (1872–1939), geboren in Bergzabern/Pfalz, 1903–1910 in Regensburg. Erster bzw. (ab 1907) Oberbürgermeister 1903–1910; Ehrenbürger der Stadt Regensburg 1929. Nach seinem Weggang aus Regensburg Staatssekretär im Reichsarbeitsministerium in Berlin 1919–1932.

Hermann-Köhl-Straße (Äußerer Westen; ⓯ C 8; zwischen Dornierstraße und Wernerwerkstraße): Aus der Gruppe „Flieger und Flugzeugbauer". Hermann Köhl (1888–1938), deutscher Flieger, der 1928 als erster den Atlantik in Ost-West-Richtung überquerte.

Hermann-Löns-Straße (Innerer Westen; ⓯ D 8; vom Hochweg nach S): Aus der Gruppe „Schriftsteller 2". Hermann Löns (1866–1914), norddeutscher Volks- und Heimatdichter.

Herrenplatz (Altstadt; ❶ E 8b): Hier befanden sich ab dem 17. Jahrhundert verschiedene Einrichtungen, die den Ratsherren, d. h. der Freien Reichsstadt Regensburg, gehörten. Im einzelnen: „der Herren Roßmühle", eine Mühle, die durch Pferdekraft betrieben wurde; „der Herren Holzhaus", der städtische Holzlagerplatz an der Holzlände (vgl. „Holzländestraße"); „der Herren Malzhaus".

Herrichstraße (Innerer Westen; ⓯ D/E 8; zwischen Gumpelzhaimerstraße und Hans-Sachs-Straße): Aus der Gruppe „Berühmte Regensburger 2". Gottlieb August Wilhelm Herrich-Schäffer (1799–1874), gebürtig aus Regensburg. Arzt und Naturforscher; Gründer des Zoologisch-Mineralogischen Vereins von Regensburg 1846. Ehrenbürger der Stadt Regensburg 1871.

Herrnholzbreite (Gallingkofen; ❹ G 49): Flurname. Der hier früher bestehende Wald gehörte zum Besitz des jeweiligen Herren von Sallern und Gallingkofen (vgl. „Sallerergasse", „Gallingkofen").

Herzog-Albrecht-Straße (Stadtamhof; ❷ F 7): Herzog Albrecht IV. von Bayern (1447–1508; Regierungszeit 1460–1508) verlieh Stadtamhof 1496 die Stadtrechte (vgl. „Stadtamhof") und schuf damit eine feste Grundlage für dessen Unabhängigkeit gegenüber dem benachbarten Regensburg.

Herzog-Heinrich-Straße (Stadtamhof; ❷ F 7): Herzog Heinrich X. der Stolze von Bayern (gest. 1139; Regierungszeit 1126–1138) regte den Bau der Steinernen Brücke (1135–1146) an; damit verhalf er Regensburg zu einem großen wirtschaftlichen Aufschwung und Stadtamhof in gewisser Weise überhaupt erst zu seiner Existenz: Durch den sprunghaft ansteigenden Verkehr entwickelte sich hier jetzt eine „richtige", geschlossene Siedlung.

Herzogin-Judith-Straße (Burgweinting; ⓲ I 12; im N des Neubaugebiets): Aus der Gruppe „Frauen". Judith (gest. ca. 987), Tochter Herzog Arnulfs von Bayern, Gattin Herzog Heinrichs I. von Bayern, des Bruders König bzw. Kaiser Ottos I., führte nach dem Tod ihres Mannes 955 jahrelang die Regentschaft für ihren unmündigen Sohn, Herzog Heinrich II. Nach dessen Volljährigkeit unternahm sie eine Pilgerfahrt nach Palästina; danach, 974, wurde sie Äbtissin des Stifts Niedermünster in Regensburg.

Heuweg (Burgweinting; ⓲ K 11; im Dorf): Flurname. Verweis auf frühere landwirtschaftliche Nutzung.

Heydenreichstraße (Kumpfmühl; ⓭ F 10; von der Universitätsstraße nach W): Aus der Gruppe „Katholisches Regensburg". Die Brüder Erhard und Ulrich Heydenreich waren 1514–1524 bzw. 1524–1538 die letzten mittelalterlichen Dombaumeister. Danach wurden die Arbeiten eingestellt und erst 1859 wieder aufgenommen und beendet (vgl. „Denzingerstraße").

Hiltnerweg (Konradsiedlung; ❺ G/H 6; von der Riesengebirgstraße nach O): Johannes Hiltner (1485–1567), gebürtig aus Lichtenfels/Oberfranken, ab 1524 in Regensburg. Jurist, Ratskonsulent der Freien Reichsstadt Regensburg 1524–1567. Hiltner war entscheidend daran beteiligt, daß Regensburg 1542 protestantisch wurde. – Bezug: In der Nachbarschaft befindet sich die protestantische Kirche St. Lukas.

Himbeerweg (Keilberg; ❻ L 5): Aus der Gruppe „Wald und Flur".

Hinter der Grieb (Altstadt; ❶ F 8c): Der Straßenname ist aus einem Hausnamen entstanden, nämlich aus „In der Grub" (heute: Hinter der Grieb 8/Vor der Grieb 1). Mögliche Erklärung: Vor dem Bau des Hauses hat es hier eine Vertiefung gegeben, die mit dem in der Nähe vorbeifließenden Stadtbach zu tun gehabt haben könnte; in diesem Fall wäre der Name *älter* als das Haus. Oder: Der Innenhof des Anwesens, relativ eng, umgeben von hohen Mauern, ließ an eine Grube denken; in diesem Fall wäre der Name *jünger* als das Haus. – Das Haus selbst, ein klassisches mittelalterliches Patrizierhaus, heißt nach der seinerzeitigen Besitzerfamilie bis heute **Gravenreutherhaus**.

Hinter der Pfannenschmiede (Altstadt; ❶ F 8c): Früher lebten die Menschen vielfach nach Berufsgruppen zusammen. Hier waren Handwerker ansässig, die Pfannen, Töpfe, Kessel und dergleichen produzierten. Schon im 18. Jahrhundert war das Gewerbe verschwunden; der Straßenname bestand jedoch weiter. Durch nachlässige Aussprache wurde aus „Unter den Pfannenschmieden" die heutige Bezeichnung.

Hintere Keilbergstraße (Keilberg; ❻ K/L 5): Nach der Lage am – von der Regensburger Innenstadt aus gesehen – hinteren Ende von Keilberg.

Hinterer Mühlweg (Kasernenviertel; ⓫ G/H 10; von der Burgunderstraße nach S): Nach der Lage am „hinteren", d. h. weiter stadtauswärts liegenden Teil eines zu vermutenden ehemaligen Mühlbachs (vgl. „Mühlweg").

Hirtenstraße (Steinweg; ❸ F 6; von der Raiffeisenstraße nach N): Aus der Gruppe „Holz und Holzverarbeitung". Möglicher Bezug: Auch die Hirten – wie manche aus dem holzverarbeitenden Gewerbe – leben und arbeiten teilweise im Wald.

Hochstiftstraße (Schwabelweis; ❾ K 7): Neben dem Kloster St. Emmeram (vgl. Gruppe „St. Emmeram in Schwabelweis") hatte auch das Hochstift Regensburg, also Bischof und Domkapitel, einen kleineren Teil der Grundherrschaft in Schwabelweis inne.

Hochwartstraße (Kasernenviertel; ⓫ H 9; zwischen Runtingerstraße und Tucherstraße): Aus der Gruppe „Berühmte Regensburger 1". Lorenz Hochwarth (1500–1570), gebürtig aus Tirschenreuth/Oberpfalz, ab 1534 in Regensburg. Domherr 1542–1570; Verfasser eines Verzeichnisses der Bischöfe von Regensburg.

Hochweg (Innerer/Äußerer Westen; ⓯ C/D/E 8): Er gehört zu den traditionellen Ausfallstraßen und führte, ausgehend vom Prebrunntor, in Richtung Westen, nach Prüfening. „Hochweg" ist vielerorts die Bezeichnung für eine befestigte Römerstraße, so auch hier: In römischer Zeit verband der Weg das Legionslager Castra Regina mit dem Kastell bei Großprüfening (vgl. „Bei der Schanze").

Höfling (Burgweinting; ⓲ H/I 13/14): Die Bezeichnung ist eigentlich ein Haus- und kein Straßenname, und zwar für eine Einöde südwestlich von Burgweinting. Sie besteht nur aus einem einzigen Hof.

Höllbachstraße (Reinhausen; ❼ H 7; von der Donaustaufer Straße nach N): Aus der Gruppe „Flüsse in Bayern".

Höllgasse (Burgweinting; ⓲ K 11; im Dorf): Flurname. „Hölle" = „tiefliegendes, enges, meist mit einem Wasserlauf versehenes Gelände". Dies trifft hier nur sehr bedingt zu; immerhin gibt es eine leichte Senke, in der der Aubach (vgl. „Aubachweg") fließt.

Hofer Straße (Haslbach; ❹ I 2/3/4): Aus der Gruppe „Traditionelle Industriestädte in Nordostbayern". Standort der Textilindustrie.

Hofgartenweg (Kumpfmühl; ⓭ E/F 10; von der Kumpfmühler Straße nach O): Aus der Gruppe „Thurn und Taxis 2: Hofgarten".

Hofweg (Graß; ⓱ D/E 12): Nach der Lage am Hof der ehemaligen Burganlage von Graß (vgl. „Burgweg").

Hoher-Kreuz-Weg (Hohes Kreuz; ⓾ I 9): Benannt nach der Lage. An der Straubinger Straße, der traditionellen Ausfallstraße in Richtung Osten, befindet sich seit dem Mittelalter ein steinernes Wegekreuz. In seiner Nachbarschaft ist im 20. Jahrhundert eine kleine Wohnsiedlung entstanden (vgl. „Ostheim").

Hohlweg (Harting; ⓲ L 12): Aus der Gruppe „Dorf Harting".

Holbeinweg (Königswiesen; ⓮ D 10; von der Dr.-Gessler-Straße nach NO): Aus der Gruppe „Bildende Künstler". Hans Holbein der Ältere (1465–1524), Maler der Renaissance. Hans Holbein der Jüngere (1497–1543), sein Sohn, Maler der Renaissance.

Hollerweg (Keilberg; ❻ L 5): Aus der Gruppe „Wald und Flur". Zur Erläuterung: „Holler" = „Holunder".

Holzäckerstraße (Gallingkofen; ❹ F 3/4): Flurname. Verweis auf frühere forstwirtschaftliche Nutzung.

Holzbergweg (Dechbetten; ⓮ C 10; von der Ziegetsdorfer Straße nach W): Flurname. Verweis auf die örtlichen Gegebenheiten und auf frühere forstwirtschaftliche Nutzung.

Holzerstraße (Harting; ⓲ M 12): Aus der Gruppe „Dorf Harting".

Holzfällerstraße (Steinweg; ❸ F 6; von der Lappersdorfer Straße nach O): Aus der Gruppe „Holz und Holzverarbeitung".

Holzgartenstraße (Reinhausen/Weichs; ❼ ❽ G/H 7; von der Donaustaufer Straße nach S): Nach der Lage an der historischen Lagerstätte für das auf dem Regen vom Bayerischen Wald nach Regensburg geflößte Holz.

Holzländestraße (Altstadt; ❶ E/F 8b/a): Hier, an der Donau, war früher die Anlegestelle für die Handelsschiffe, die Holz transportierten (und gleich daneben der Lagerplatz; vgl. „Herrenplatz"). (Vgl. allg. „Donauländе".)

Holzschnitzerstraße (Steinweg; ❸ F 6; zwischen Holzfällerstraße und Glasbläserstraße): Aus der Gruppe „Holz und Holzverarbeitung".

Holzwiesenweg (Graß; ⓱ D/E 12): Flurname. Verweis auf frühere forstwirtschaftliche Nutzung.

Hombergerweg (Rennplatz; ⓯ C 8): Aus der Gruppe „Berühmte Regensburger 2". Paul Homberger (1559/60–1634), gebürtig aus Regensburg. Lehrer am protestantischen Gymnasium Poeticum 1601–1634, Kantor der protestantischen Kirche 1603–1634; Komponist.

Hopfengartenweg (Konradsiedlung; ❺ H 6; von der Illerstraße nach N): Inmitten der Wohnviertel im Norden von Regensburg finden sich einige wenige Straßennamen, die an eine Zeit erinnern, als hier nur ein paar landwirtschaftliche Einrichtungen bestanden. So verweist der „Hopfengartenweg" darauf, daß Hopfen angebaut wurde. (Vgl. auch „Weinzierlstraße".)

Hoppestraße (Innerer Westen; ⓯ E 8/9; von der Dechbettener Straße nach S): Aus der Gruppe „Berühmte Regensburger 2". David Heinrich Hoppe (1760–1846), gebürtig aus Vilsen bei Bremen, ab 1786 in Regensburg. Apotheker, Arzt, Botaniker; Gründer der Botanischen Gesellschaft von Regensburg 1790 (der ältesten der Welt!).

Hornstraße (Kasernenviertel; ⓫ G/H 9/10; von der Landshuter Straße nach SW): Aus der Gruppe „Militär und Militärs". Karl Friedrich Wilhelm Graf von Horn (1847–1923), Angehöriger des 11. Bayerischen Infanterieregiments „Von der Tann" 1900–1905, bayerischer Kriegsminister 1905–1912.

Hüllgartenweg (Harting; ⓲ M 12): Aus der Gruppe „Dorf Harting". Zur Erläuterung: „Hülle" = „Pfütze", „Sumpf". Die ganze Gegend von Harting ist ziemlich wasserreich und wird von verschiedenen Bachläufen durchzogen. (Vgl. auch „An der Hülling".)

Hultschiner Straße (Konradsiedlung; ❺ I 6; zwischen Straßburger Straße und Posener Straße): Aus der Gruppe „Deutsche Nation". Stadt in Oberschlesien, von Deutschland im Friedensvertrag von Versailles an Polen abgetreten.

Humboldtstraße (Galgenberg; ⓬ G 11; vom Unterislinger Weg nach W): Alexander von Humboldt (1769–1859), Naturforscher. Ausgedehnte Reisen, unter anderem nach Lateinamerika und Sibirien. Wilhelm von Humboldt (1767–1853), sein Bruder, Sprachwissenschaftler, preußischer Kultusminister 1809–1810, Gründer der Universität Berlin, Theoretiker der deutschen Universität. – Bezug: In der Nachbarschaft liegt die Universität.

Hundsumkehr (Altstadt; ❶ E 8): „Hunz" = „bis hin zu". Eine „Hunzumkehr" – wie man korrekt schreiben müßte – ist also eine Straße, an deren Ende man wieder umkehren muß, mit anderen Worten: eine Sackgasse. Davon gibt es zwar mehrere in der Stadt; der Hundsumkehr kommt jedoch eine besondere Stellung zu. Lange Zeit war sie als Zugang zum Prebrunntor Teil einer der wichtigen Ausfallstraßen (vgl. „Am Prebrunntor"). Erst im 17. Jahrhundert wurde das Tor verbaut und damit die Durchgangsstraße unterbrochen. Die neue Situation führte zu dem neuen Namen.

Hunnenplatz (Altstadt; ❶ F/G 8): Der Name hat nichts mit der Hinrichtung gefangener Ungarn bzw. Hunnen zu tun, wie oft vermutet wurde, und auch nichts mit einem Hundertschaft-Richter, einem „Hunteri", der hier seinen Amtssitz gehabt habe. Die wahrscheinlichste Erklärung: „Hunnenplatz" = „Hennen-" oder „Hühnerplatz". Hier wurden Hühner gehalten oder verkauft, oder ein Anwesen, möglicherweise ein Wirtshaus, hatte ein Huhn in seinem Aushängeschild.

Hunsrückstraße (Sallerner Berg; ❹ G 5/6): Aus der Gruppe „Mittelgebirge in Mitteleuropa".

Hutweide (Keilberg; ❻ K/L 5): Flurname. Verweis auf frühere landwirtschaftliche Nutzung.

I

Illerstraße (Reinhausen/Konradsiedlung; ❺ ❼ G/H 6; zwischen Nordgaustraße und Sudetendeutsche Straße): Aus der Gruppe „Flüsse in Bayern".

Ilmstraße (geplant) (Weichs; ❽ G 7): Aus der Gruppe „Flüsse in Bayern".

Ilzstraße (Weichs; ❽ H 7/8; vom Schwabelweiser Weg nach S): Aus der Gruppe „Flüsse in Bayern".

Im Gewerbepark (Reinhausen; ❼ H/I 6/7): Nach der Lage im Gewerbepark.

Im Gschwander (Sallerner Berg; ❹ G 6): Flurname. Verweis auf frühere forst- bzw. landwirtschaftliche Nutzung („Gschwand", von „schwinden", = „Rodung").

Im Güterbahnhof (Innenstadt; ❶ E/F 9): Nach der Lage am Güterbahnhof.

Im Langen Gwend (Gallingkofen; ❹ F/G 4/5): Flurname. Verweis auf frühere landwirtschaftliche Nutzung („Gwend", von „wenden" = „pflügen") und auf den Zuschnitt eines bestimmten Grundstücks.

Im Reichen Winkel (Konradsiedlung; ❺ H 6; zwischen Erzgebirgstraße und Sandgasse): Flurname. Im Mittelalter gehörte ein Grundstück in dieser Gegend der Regensburger Familie Reich. – Ab 1937 entstand hier der dritte Bauabschnitt der Konradsiedlung. (Vgl. auch „Harthofer Weg", „Am Flachlberg", „Sandgasse".)

Im Ried (Burgweinting; ⓲ K 11; im Dorf): Flurname. Verweis auf den früheren Charakter der Gegend als Sumpfgelände in der Nähe des Aubachs (vgl. „Aubachweg") („Ried" = „Sumpf").

Immelmannstraße (Ganghofersiedlung; ⓭ D 10; zwischen Boelckestraße und Von-Richthofen-Straße): Aus der Gruppe „Jagdflieger im Ersten Weltkrieg". Max Immelmann (1890–1916).

In der Kuhrast (Gallingkofen/Ödenthal; ❹ F/G 2/3/4): Flurname. Verweis auf frühere landwirtschaftliche Nutzung.

In der Obern Au (Burgweinting; ⓲ I/K 12; im Zentrum des Neubaugebiets): Die ersten Straßen im Neubaugebiet Burgweinting wurden einfach „Langer" und „Kurzer Weg" genannt. In einer zweiten Etappe der Namengebung orientierte man sich an der landschaftlichen Umgebung bzw. verwendete – wie hier – Flurnamen.

Ingeborg-Bachmann-Weg (Burgweinting; ⓲ I 12; im W des Neubaugebiets): Aus der Gruppe „Frauen". Ingeborg Bachmann (1926–1973), Schriftstellerin der Moderne.

Innstraße (Weichs; ❽ H 7; zwischen Weichser Weg und Vilsstraße): Aus der Gruppe „Flüsse in Bayern".

Inselstraße (Unterer Wöhrd; ❶ G 8): Nach der Lage auf der Donauinsel Unterer Wöhrd.

Irl (Irl; ❿ L/M 10): Hauptstraße des ehemals nicht zu Regensburg gehörigen und 1977 eingemeindeten Orts Irl.

Irlbachweg (Wutzlhofen; ❺ H 5): Aus der Gruppe „Bayerischer Wald 2: Vorwald".

Irlmauth (Ostenviertel; ❿ L 9; von der Landauer Straße nach NW): Benannt nach der Lage und der Funktion. An der Straubinger Straße bestand früher auf der Höhe von Irl ein Grenzposten mit Mautstation, am Übergang zwischen dem Territorium der Freien Reichsstadt Regensburg und dem Herzogtum Bayern. (Vgl. auch „Mauttafelstraße".)

Isarstraße (Reinhausen; ❼ G/H/I 6; von der Nordgaustraße nach O): Aus der Gruppe „Flüsse in Bayern".

Isinoweg (Oberisling; ⓱ G 12): Aus der Gruppe „St. Emmeram in Oberisling". Ein gewisser Isino wird um 861/91 als Vogt des Klosters St. Emmeram in Oberisling erwähnt.

Islinger Weg (Burgweinting; ⓲ H/J 11/12; im Dorf): Benannt nach dem Zielort. Verlauf: von Burgweinting nach Ober- und Unterisling. – Der ehemals nicht zu Regensburg gehörige Ort Isling (heute Oberisling; zu Unterisling vgl. „Unterislinger Weg"), im 9. Jahrhundert zum ersten Mal erwähnt, wurde 1977 nach Regensburg eingemeindet. Der Name verweist darauf, daß die Siedlung von einem gewissen Isan oder Isino gegründet worden ist; dieser ist jedoch *nicht* mit einem anderen Isino (vgl. „Isinoweg") zu verwechseln.

Isonzostraße (Konradsiedlung; ❺ H 5; zwischen Dolomitenstraße und Argonnenstraße): Aus der Gruppe „Deutsche Nation". Fluß im nordöstlichen Italien; Schauplatz bedeutender Schlachten während des Ersten Weltkriegs.

J

Jakobstraße (Altstadt; ❶ E 8d): Hier befand sich das Kloster St. Jakob iroschottischer Mönche, gegründet um 1090, in größeren Ausmaßen neugebaut um 1180, mit der **Kirche St. Jakob**, einem Meisterwerk der Romanik. Das Kloster bestand bis 1862; dann wurde es aufgelöst bzw. in ein Priesterseminar umgewandelt.

Jannerstraße (Kasernenviertel; ⓫ G 9; zwischen Leublfingstraße und Safferlingstraße): Aus der Gruppe „Berühmte Regensburger 1". Ferdinand Janner (1836–1895), gebürtig aus Hirschau/Oberpfalz, 1867–1889 in Regensburg. Professor für Kirchen- und Kunstgeschichte am Lyceum Albertinum (der späteren Philosophisch-Theologischen Hochschule) 1867–1889; Verfasser einer „Geschichte der Bischöfe von Regensburg" (1883–1886).

Janusstraße (Ziegetsdorf; ⓭ D 11; zwischen Merkurstraße und Hadamarstraße): Aus der Gruppe „Römische Götter".

Jasminweg (geplant) (Keilberg; ❻ L 5): Aus der Gruppe „Wald und Flur".

Jesuitenplatz (Altstadt; ❶ F 8d): Hier befand sich das Jesuitenkloster St. Paul, gegründet 1588. Dem Kloster angegliedert waren ein katholisches Gymnasium und ein Lyzeum. Im Jahr 1809 wurde die Anlage durch Kriegseinwirkung (vgl. „Maximilianstraße") in Schutt und Asche gelegt, der Konvent anschließend aufgelöst, das Gymnasium mit dem protestantischen (vgl. „Poetengäßchen") zusammen- und das Lyzeum in die Gebäude des ehemaligen Dominikanerklosters verlegt.

Johann-Schwaebl-Straße (Königswiesen-Süd; ⓮ D 11): Johann Schwaebl (gest. 1915); Erforscher der Regensburger Straßennamen und ihrer Herkunft. Sein Hauptwerk: „Regensburgs Orts- und Straßennamen" (unveröffentlicht).

Johannisbeerweg (geplant) (Keilberg; ❻ K 5): Aus der Gruppe „Wald und Flur".

Johannisstraße (Weichs; ❽ G/H 7; zwischen Bedelgasse und Holzgartenstraße): Benannt nach der Lage. Weichs war zu allen Zeiten schweren Überschwemmungen ausgesetzt. Anläßlich der Hochwasserkatastrophe von 1737 ließ der seinerzeitige bayerische Landrichter (vgl. „Weichser Schloßgasse") am Flußufer eine Statue des St. Johannes Nepomuk errichten, dem für Wasserschäden zuständigen Heiligen. Sie fiel 1938 dem Bau der Nibelungenbrücke zum Opfer.

Josef-Adler-Straße (Innerer Westen; ⓯ D 7; vom Weinweg nach W): Aus der Gruppe „Berühmte Regensburger 2". Josef Adler (1876–1954), Oberstadtschulrat.

Josef-Barth-Straße (Reinhausen; ❼ G 6; zwischen Isarstraße und Illerstraße): Josef Barth, Stadtrat (ab 1945), Träger der silbernen Bürgermedaille (1948).

Josef-Bayer-Weg (Oberisling; ⓱ F 12): Josef Bayer, Gemeindeschreiber von Oberisling vor dessen Eingemeindung nach Regensburg 1977.

Josef-Engert-Straße (Galgenberg; ⓬ E/F/G 11; zwischen Universitätsstraße und Galgenbergstraße): Josef Engert (1882–1964), gebürtig aus Ochsenfurt/Unterfranken, Professor für Philosophie und Pädagogik an der Philosophisch-Theologischen Hochschule 1923–1948. Engert setzte sich nach 1945 mit Nachdruck für die Gründung einer Universität in Regensburg ein.

Julianenweg (Burgweinting; ⓲ I 11; im Dorf): Juliane Engelbrecht (1835–1853) aus Burgweinting kam aufgrund besonderer Verhaltensweisen – zum Beispiel soll sie acht Jahre lang nichts gegessen haben, abgesehen von der Hostie bei der Kommunion – in den Ruf, eine Heilige zu sein. Nach ihrem Tod im Alter von achtzehn Jahren wurde ihr Grab Ziel zahlreicher Wallfahrer; 1947 wurden ihre Gebeine in die Pfarrkirche St. Michael von Burgweinting überführt.

Junkersstraße (Harting; ⓲ K 10/11; von der Burgweintinger Straße nach N): Aus der Gruppe „Erfinder und Entdecker". Hugo Junkers (1859–1935), Ingenieur, Konstrukteur von Flugzeugen.

Jurastraße (Schwabelweis; ❾ K 7): Nach der Lage am unteren Ende des Keilsteiner Hangs; der, geologisch gesehen, der letzte Ausläufer des Jura ist.

K

Käthe-Dorsch-Weg (Burgweinting; ⓲ I 12): Aus der Gruppe „Frauen". Käthe Dorsch (1890–1957), gebürtig aus Neumarkt/Oberpfalz, Schauspielerin mit Engagements in Berlin und Wien.

Käthe-Kollwitz-Straße (Burgweinting; ⓲ I 12): Aus der Gruppe „Frauen". Käthe Kollwitz (1867–1945), Graphikerin und Bildhauerin mit starkem sozialen Bezug.

Kager (Kager; ⓰ A 6/7): Hauptstraße des ehemals nicht zu Regensburg gehörigen Orts Kager. Kager, 1052 zum ersten Mal erwähnt, wurde 1924 nach Regensburg eingemeindet. Der Name bedeutet „Umfriedung", „Siedlung".

Kagerer Weg (Ober-/Niederwinzer/Kager; ⓰ B/C 6): Benannt nach dem Zielort. Verlauf: von Niederwinzer nach Kager.

Kaiser-Friedrich-Allee (Königswiesen-Süd; ⓭ D 10/11): Aus der Gruppe „Mittelalter in Regensburg". Friedrich II. (1194–1250), König bzw. Kaiser 1212–1250. Er verlieh Regensburg 1245 ein wichtiges Privileg, das die Selbstverwaltung als Freie Reichsstadt beinhaltete.

Kalkäckerweg (geplant) (Keilberg; ❻ L 6): Flurname. Verweis auf frühere landwirtschaftliche Nutzung und auf die Bodenbeschaffenheit.

Kalkwerkstraße (Keilberg; ❻ I 7; von der Donaustaufer Straße nach NO): Nach der Lage am Kalkwerk, gegründet 1871 von David Funk. Der Standort ergab sich aus der Nähe zu den Hängen des Keilberg, wo Kalk abgebaut wurde. (Vgl. auch „Michelerstraße", „Büechlstraße".)

Kalmünzergasse (Altstadt; ❶ F 8b/d): Die Bürger- und Patrizierfamilie Kalmünzer besaß hier im Mittelalter das Anwesen „Zum Löwen im Gitter" (heute: Kalmünzergasse 3; Neubau nach Abbruch wegen Kriegsschaden 1945).

Kapellengasse (Altstadt; ❶ F 8d): Hier befindet sich das Kollegiatstift zur Alten Kapelle. Der Legende nach ist die **Alte Kapelle** die älteste Kirche Bayerns. Sicher ist: Sie war Pfalzkapelle der bayerischen Herzöge und der deutschen Könige und Kaiser, als Regensburg Haupt- und Residenzstadt war (vgl. „Alter Kornmarkt"). Das zugehörige Stift besteht bis heute.

Kapuzinergasse (Altstadt; ❶ G 8): Hier befand sich das Kapuzinerkloster St. Matthias, gegründet 1613, säkularisiert und aufgelöst 1802/10. Anschließend wurde die Anlage von den Klarissen übernommen, die ihr eigenes Kloster (vgl. „Dachauplatz") durch Kriegseinwirkung 1809 (vgl.

„Maximilianstraße") verloren hatten; sie blieben bis in die 1960er Jahre. Heute ist hier das Ostkirchliche Institut ansässig, das auch die zugehörige kleine **Kirche St. Matthias** nutzt.

Karl-Alexander-Straße (Kumpfmühl; ⓭ E 10; zwischen Hofgartenstraße und Nibelungenstraße): Aus der Gruppe „Thurn und Taxis 2: Hofgarten". Karl Alexander von Thurn und Taxis (1770–1827), regierender Fürst 1805–1827, Prinzipalkommissar am Immerwährenden Reichstag in Regensburg 1797–1806.

Karl-Anselm-Straße (Kumpfmühl; ⓭ E 10; zwischen Am Mühlbach und Karthauser Straße): Aus der Gruppe „Thurn und Taxis 2: Hofgarten". Karl Anselm von Thurn und Taxis (1733–1805), regierender Fürst 1773–1805, Prinzipalkommissar am Immerwährenden Reichstag in Regensburg 1773–1797.

Karl-Esser-Straße (Prüfening; ⓯ B 8): Aus der Gruppe „Widerstand". Karl Friedrich Esser (1880–1961), gebürtig aus Landau/Pfalz, 1910–1933 und wieder ab 1945 in Regensburg. Vor 1933: Administrator der Dörnberg-Stiftung 1910–1933, Stadtrat (SPD) 1924–1933; nach 1945: Gründer und Verleger der „Mittelbayerischen Zeitung", Stadtrat (SPD) 1945–1949. Während der Zeit des Nationalsozialismus war Esser mehrfach im Konzentrationslager Dachau in Haft.

Karl-Fischer-Weg (Königswiesen-Süd; ⓭ D 11): Aus der Gruppe „Politiker des demokratischen Deutschland und Bayern". Karl Fischer, Stadtrat in Regensburg, Mitglied des bayerischen Landtags.

Karl-Stieler-Straße (Ganghofersiedlung/Neuprüll; ⓭ D/E 11; von der Universitätsstraße zur Augsburger Straße): Aus der Gruppe „Schriftsteller 1". Karl Stieler (1842–1886), bayerischer Volks- und Heimatdichter.

Karlsbader Straße (Konradsiedlung; ❺ H 5/6; zwischen Im Reichen Winkel und Aussiger Straße): Aus der Gruppe „Deutsche Nation". Stadt im Sudetenland (Staat: Tschechien) außerhalb Deutschlands mit (ehemals) deutscher Bevölkerung und deutscher Vergangenheit.

Karpatenstraße (Konradsiedlung; ❺ H 5; zwischen Isonzostraße und Vogesenstraße): Aus der Gruppe „Deutsche Nation". Gebirgszug im nördlichen Rumänien; Schauplatz bedeutender Schlachten während des Ersten Weltkriegs.

Karthaus-Prüll (Prüll; ⓭ E 10): „Prüll" bedeutet „sumpfiges Gelände", passend zu der Gegend, wo zahlreiche kleine Wasserläufe entspringen, die sich später zu einem Bach vereinigen (vgl. „Am Vitusbach"). Hier wurde 997 das Benediktinerkloster St. Vitus gegründet; 1484 übernahm es der Orden der Kartäuser. Es wurde 1803 säkularisiert und 1834 vom Bezirk Oberpfalz übernommen, der 1852 dort ein Nervenkrankenhaus einrichtete, aus dem sich das heutige Bezirksklinikum entwickelte. Vom Kloster existieren unter anderem noch die **Kirche St. Vitus** und Reste der Mönchszellen der Kartäuser.

Karthauser Straße (Kumpfmühl; ⓭ E 10): Benannt nach dem Zielort. Verlauf: von Kumpfmühl zum ehemaligen Kloster Prüll (vgl. „Karthaus-Prüll").

Kastanienweg (geplant) (Keilberg; ❻ L 6): Aus der Gruppe „Wald und Flur".

Kattowitzer Straße (Konradsiedlung; ❺ I 5; zwischen Straßburger Straße und Posener Straße): Aus der Gruppe „Deutsche Nation". Stadt in Oberschlesien, von Deutschland im Friedensvertrag von Versailles an Polen abgetreten.

Kaulbachweg (Kumpfmühl; ⓭ E 10; zwischen Erzbischof-Buchberger-Allee und Augsburger Straße): Aus der Gruppe „Bildende Künstler". Wilhelm von Kaulbach (1805–1874), Maler des Historismus.

Kavalleriestraße (Kasernenviertel; ⓫ G 10; von der Alfons-Auer-Straße nach NO): Aus der Gruppe „Militär und Militärs". Hier befand sich die Kavalleriekaserne des 2. Bayerischen Chevauxlegersregiments „Taxis". Von den Gebäuden ist nichts mehr erhalten.

Keilberger Hauptstraße (Keilberg; ❻ L 5/6): Benannt nach der Lage. Wichtigste Erschließungsstraße des Stadtteils.

Keilberger Schulweg (Keilberg; ❻ L 5/6): Nach der Lage bei der Schule Keilberg.

Keilsteiner Breiten (Keilberg; ❻ L 6): Nach der Lage am Keilstein, dem Südhang der Hochfläche von Keilberg.

Keilsteiner Weg (Keilberg; ❻ L 6): Benannt nach dem Zielort. Verlauf: vom Ortszentrum Keilberg zum Keilstein, dem Südhang der Hochfläche von Keilberg.

Kellerweg (Galgenberg; ⓬ F 9; von der Bischof-Konrad-Straße nach N): Nach der Lage an einem ehemaligen Bierkeller. Von diesen gab es im 19. Jahrhundert an den Hängen des Galgenbergs sehr viele, jeweils mit angeschlossener Gaststätte mit Biergarten. Der letzte, der noch besteht, ist der „Kneitinger Keller".

Keplerstraße (Altstadt; ❶ F 8a): Ursprünglich „Donaustraße", nach der Lage. 1865 umbenannt, nach dem Astronomen Johannes Kepler (1571–1630); Bezug: Kurz zuvor hatte man herausgefunden, daß Kepler mit seiner Familie in einem der anliegenden Häuser (heute: Keplerstraße 2) zwei Jahre lang, von 1626 bis 1628, gewohnt hatte und daß er in einem anderen (heute: Keplerstraße 5; **Kepler-Gedächtnishaus**) gestorben war.

Kieslgasse (Steinweg; ❸ F 7; von der Schwandorfer Straße nach N): Andreas Kiesl (gest. 1790), Augustinerchorherr im Stift St. Mang in Stadtamhof (vgl. „Andreasstraße“).

Killermannstraße (Prüfening; ⓯ B 8/9): Aus der Gruppe „Berühmte Regensburger 2“. Mathias Sebastian Killermann (1870–1956), gebürtig aus Landshut/Niederbayen, ab 1901 in Regensburg. Professor für Anthropologie, Botanik und Zoologie am Lyceum Albertinum bzw. der Philosophisch-Theologischen Hochschule 1901–1936 und nochmals kurzzeitig nach 1945; Vorstand der Botanischen Gesellschaft von Regensburg 1916–1956. Killermann war eine Kapazität auf dem Gebiet der Pilzforschung.

Kirchhoffstraße (Harting; ⓲ L 11; von der Rathenaustraße nach W): Aus der Gruppe „Erfinder und Entdecker“. Gustav Kirchhoff (1824–1887), Physiker; Forschungen zum Strom.

Kirchmeierstraße (Kumpfmühl/Königswiesen; ⓭ ⓮ C/D/E 9): Aus der Gruppe „Bildende Künstler“. Franz Kirchmeier (gest. 1589), Maler und Zeichner der Renaissance. Kirchmeier lebte und arbeitete in Regensburg.

Kirchweg (Burgweinting; ⓲ I/K 11; im Dorf): Nach der Lage bei der Pfarrkirche St. Michael in Burgweinting.

Kirschgäßchen (Altstadt; ❶ G 8): Die Stadtbauern-Familie Kirsch (vgl. „Krauterermarkt“) besaß hier im 18. und 19. Jahrhundert ein Gartengrundstück.

Klausenburger Straße (Konradsiedlung; ❺ H 6; von der Brandlberger Straße zur Sandgasse): Aus der Gruppe „Deutsche Nation“. Stadt in Siebenbürgen (Staat: Rumänien) außerhalb Deutschlands mit (ehemals) deutscher Bevölkerung.

Kleiberstraße (Kasernenviertel; ⓫ H 10; von der Landshuter Straße nach SO): Aus der Gruppe „Militär und Militärs“. Leonhard Kleiber (1863–1942), Leiter des Musikkorps des 11. Bayerischen Infanterieregiments „Von der Tann“ 1891–1919, Komponist zahlreicher Märsche, Militärmessen und anderer Musikstücke.

Kleinfeld (Burgweinting; ⓲ I/K 11; im Dorf): Flurname. Verweis auf frühere landwirtschaftliche Nutzung und auf den Zuschnitt eines Grundstücks.

Kleiststraße (Innerer Westen; ⓯ D 8; von der Theodor-Körner-Straße nach N): Aus der Gruppe „Schriftsteller 2“. Heinrich von Kleist (1777–1811), Schriftsteller der Romantik.

Klenzestraße (Kumpfmühl/Königswiesen; ⓭ ⓮ D 9/10; von der Kirchmeierstraße nach S): Aus der Gruppe „Bildende Künstler“. Leo von

Klenze (1784–1864), Architekt des Klassizismus. Klenze baute in der Umgebung von Regensburg die Walhalla und die Befreiungshalle. Ehrenbürger der Stadt Regensburg 1842.

Klosterackerweg (Prüfening; ⓯ A/B 9): Flurname. Verweis auf frühere landwirtschaftliche Nutzung und auf den ehemaligen Grundbesitzer, das nahegelegene Kloster Prüfening (vgl. „Prüfeninger Schloßstraße").

Klostermeyergasse (Altstadt; ❶ G 8): Die Familie Klostermeyer betrieb vom 17. bis zum 19. Jahrhundert in einem heute nicht mehr bestehenden Anwesen an der ehemaligen nördlichen Verlängerung der Gasse, im Bereich des heutigen Donaumarktes, eine Brauerei mit angeschlossener Gaststätte.

Köhlerstraße (Steinweg; ❸ F 6; von der Lappersdorfer Straße nach O): Aus der Gruppe „Holz und Holzverarbeitung".

König-Philipp-Weg (Königswiesen-Süd; ⓭ D 10/11): Aus der Gruppe „Mittelalter in Regensburg". Philipp von Schwaben (1177–1208), König 1198–1208. Er verlieh Regensburg 1207 ein wichtiges Privileg, das den Aufstieg zur Freien Reichsstadt vorbereitete.

Königshütter Straße (Konradsiedlung; ❺ H/I 5/6; zwischen Am Flachlberg und St.-Konrad-Platz): Aus der Gruppe „Deutsche Nation". Stadt in Oberschlesien, von Deutschland im Friedensvertrag von Versailles an Polen abgetreten.

Königsstraße (Altstadt; ❶ F 8d): Hier bestand im frühen Mittelalter, als Regensburg Haupt- und Residenzstadt war (vgl. „Alter Kornmarkt"), ein geschlossener Komplex königlichen Besitzes, der sogenannte „Latron". (Vgl. auch „Am Königshof".)

Königswiesener Parkweg (Königswiesen; ⓮ C/D 9/10): Nach der Lage am Park des ehemaligen Gutshofes Königswiesen, der in den 1970er Jahren, als die Siedlung Königswiesen angelegt wurde, verschwunden ist.

Königswiesenweg (Kumpfmühl; ⓭ D/E 9/10; von der Kirchmeierstraße nach SW): Benannt nach dem Zielort. Letztes erhaltenes Teilstück der alten Verbindung von der Regensburger Altstadt zum Gutshof Königswiesen (vgl. „Königswiesener Parkweg").

Köstlergasse (Großprüfening; ⓮ A 9): Die Familie Köstler war seit alters in Großprüfening ansässig.

Kötztinger Straße (Gallingkofen; ❹ G 5): Aus der Gruppe „Bayerischer Wald 1: Regental".

Kohlenmarkt (Altstadt; ❶ F 8a): Hier befand sich einer der Märkte von Regensburg, wo zunächst alles mögliche, ab dem 18. Jahrhundert dann in zunehmendem Maß vor allem Holzkohle verkauft wurde.

Koindekstraße (Harting; ⓲ M 12): Möglicherweise nach einer Familie, die hier ansässig war bzw. Grundbesitz hatte.

Konrad-Adenauer-Allee (Königswiesen-Süd; ⓭ D 10/11): Aus der Gruppe „Politiker des demokratischen Deutschland und Bayern". Konrad Adenauer (1876–1967), Vorsitzender der CDU 1950–1966, Bundeskanzler 1949–1963.

Kornmannweg (Großprüfening; ⓮ B 9): Ludwig Anton Moritz Kornmann (1757–1817), ab 1776 mit dem Namen Rupert Mönch im Kloster St. Georg in Prüfening; Naturwissenschaftler, Professor für Philosophie und Mathematik an der Universität Ingolstadt 1785–1790; letzter Fürstabt des Benediktiner-Klosters Prüfening 1790–1803.

Kornweg (Prüfening; ⓯ A/B 8): Flurname. Verweis auf frühere landwirtschaftliche Nutzung.

Kramgasse (Altstadt; ❶ F 8a/b)/**Kramwinkel** (Altstadt; ❶ F 8d): Früher lebten die Menschen vielfach nach Berufsgruppen zusammen. In diesen beiden Gassen – und in der mit ihnen ein kleines Viertel bildenden Tändlergasse – waren die Krämer und Tändler ansässig, kleine Händler mit ihren Läden, in denen sie alle möglichen Gegenstände des täglichen Lebens – „Kram" und „Tand" – zum Verkauf anboten.

Krauterermarkt (Altstadt; ❶ F 8b): Hier verkauften früher die Regensburger Stadtbauern, die vor allem am (damaligen) östlichen Stadtrand lebten, in der nach ihnen benannten „Krauterergasse" (vgl. „Von-der-Tann-Straße"), ihre Waren, hauptsächlich Gemüse. Die Marktfunktion beschränkte sich dabei auf die westliche Hälfte des Platzes, wo die Freie Reichsstadt Regensburg die Obrigkeit ausübte und wo deshalb auch imposante Patrizierhäuser standen, wie zum Beispiel das **Haus Heuport**. Im Osten dagegen, unmittelbar vor dem Dom, hatte der Bischof das Sagen (vgl. „Domplatz").

Krebsgasse (Altstadt; ❶ F 8a/c): Nach dem früher hier bestehenden Gasthof „Zum Blauen Krebs" (heute: Krebsgasse 6).

Kremser Straße (Ostenviertel; ❿ K/L 10; zwischen Siemensstraße und Irl): Aus der Gruppe „Donaustädte".

Kreuzgasse (Altstadt; ❶ E 8b): Hier befindet sich das Dominikanerinnenkloster Heilig Kreuz, gegründet 1233 und bis heute bestehend. Die **Kirche Heilig Kreuz** ist ein Meisterwerk des Rokoko.

Kreuzhofstraße (Harting; ⓲ M 12): Benannt nach dem Zielort. Verlauf: von Harting zum Kreuzhof (vgl. „Am Kreuzhof").

Kriemhildstraße (Kumpfmühl; ⓭ E 10; zwischen Nibelungenstraße und Siegfriedstraße): Aus der Gruppe „Nibelungen".

Kronacher Straße (Haslbach; ❹ I 3): Aus der Gruppe „Traditionelle Industriestädte in Nordostbayern". Standort der keramischen Industrie.

Krotoschiner Straße (Konradsiedlung; ❺ H 5; zwischen Sandgasse und St.-Konrad-Platz): Aus der Gruppe „Deutsche Nation". Stadt in Posen, von Deutschland im Friedensvertrag von Versailles an Polen abgetreten.

Kruckenbergstraße (Wutzlhofen; ❺ H 4): Aus der Gruppe „Bayerischer Wald 2: Vorwald".

Kuchenreutherstraße (Steinweg; ❸ F 7; von der Alten Nürnberger Straße nach S): Die Familie Kuchenreuther, am Ende des Dreißigjährigen Kriegs nach Steinweg zugewandert, brachte vom 17. bis ins 19. Jahrhundert eine ganze Reihe von brillanten Büchsenmachern hervor; sie stellten Präzisionswaffen her, vor allem Pistolen, die in ganz Europa gerühmt wurden.

Küffnerstraße (Unterer Wöhrd; ❶ F 8b): Johann Anton Küffner (1667–1738), Kaufmann, Mitglied des Inneren Rats der Freien Reichsstadt Regensburg. Küffner stiftete 73 000 Gulden, seinerzeit eine sehr hohe Summe, für wohltätige Zwecke.

Künische Straße (Reinhausen; ❼ H 7; von der Donaustaufer Straße nach N): Nach dem Künischen Gebirge, einem Teil des Böhmerwalds.

Kürner Weg (Wutzlhofen; ❺ H 4): Aus der Gruppe „Bayerischer Wald 2: Vorwald".

Kuglerstraße (Äußerer Westen; ⓯ C/D 8/9; von der Prüfeninger Straße nach SW): Joseph Kugler (1867–1946), ab 1893 als Frater Eustachius Mitglied des Ordens der Barmherzigen Brüdern im Kloster Reichenbach, ab 1925 als Provinzial der bayerischen Ordensprovinz. Der Bau des nahegelegenen Krankenhauses (1927–1930) geht auf seine Initiative zurück.

Kuhgässel (Altstadt; ❶ E 8b): Der nachgewiesenermaßen engste öffentliche Verkehrsweg von Regensburg hat seinen Namen von einer sagenhaften Konfrontation, die sich in ihm abspielte zwischen einem Bäckergesellen, der von der einen Seite, und einer Kuh, die von der anderen Seite des Wegs kam. Wie es heißt, habe die Kuh den Sieg davongetragen.

Kulmbacher Straße (Haslbach; ❹ I 3): Aus der Gruppe „Traditionelle Industriestädte in Nordostbayern". Standort der Textilindustrie.

Kumpfmühler Straße (Innenstadt/Westenviertel/Kumpfmühl; ❶ ⓭ ⓯ E 8d/9/10): Teil 1 bei der Altstadt: Benannt nach dem Zielort. Verlauf: von der Regensburger Altstadt nach Kumpfmühl. – Teil 2 in Kumpfmühl: Hauptstraße des ehemals nicht zu Regensburg gehörigen Orts Kumpfmühl. Kumpfmühl, 1009 zum ersten Mal erwähnt, wurde 1818 nach Regensburg eingemeindet. Der Name kommt von einer hier seit alters bestehenden Mühle (vgl. „Am Mühlbach").

Kurpfälzer Weg (Gallingkofen; ❹ F 5): Vom 14. bis ins 17. Jahrhundert standen Sallern und Gallingkofen zusammen mit großen Teilen der Oberpfalz unter der Obrigkeit der Kurfürsten von der Pfalz – Ergebnis einer Landesteilung innerhalb der Dynastie der Wittelsbacher.

Kurt-Schumacher-Straße (Prüfening; ⓯ B 8): Aus der Gruppe „Widerstand". Kurt Schumacher (1895–1952), während der Zeit des Nationalsozialismus fast ununterbrochen in verschiedenen Konzentrationslagern in Haft, Vorsitzender der SPD 1949–1952, Oppositionsführer im Deutschen Bundestag 1949–1952.

Kurt-Tucholsky-Weg (Neuprüll; ⓭ E 11): Aus der Gruppe „Schriftsteller 1". Kurt Tucholsky (1890–1935), Schriftsteller mit antinationalistischem und antimilitaristischem Bezug.

Kurzer Weg (Burgweinting; ⓲ I/K 12; im Zentrum des Neubaugebiets): „Sprechender" Straßenname. Als man begann, das Neubaugebiet Burgweinting anzulegen, gab es zunächst nur zwei Straßen, eine längere und eine kürzere. (Vgl. auch „Langer Weg".)

L

Laaberstraße (Weichs; ❽ H 7; vom Weichser Weg nach O): Aus der Gruppe „Flüsse in Bayern“.

Ladehofstraße (Innerer Westen; ⓯ E 9): Nach der Lage im Ladebereich des Güterbahnhofs.

Lärchenweg (Keilberg; ❻ L 5): Aus der Gruppe „Wald und Flur“.

Lagerstraße (Ostenviertel; ❿ L 9): Nach der Lage im Lagerbereich des Osthafens.

Laibacher Straße (Konradsiedlung; ❺ H 6; zwischen Sudetendeutsche Straße und Sandgasse): Aus der Gruppe „Deutsche Nation“. Stadt in Krain (Staat: Slowenien) außerhalb Deutschlands mit deutscher Vergangenheit.

Lamer Straße (Gallingkofen; ❹ G 5): Aus der Gruppe „Bayerischer Wald 1: Regental“.

Landauer Straße (Ostenviertel; ❿ L 9/10; von der Straubinger Straße nach S): Gemeint ist Landau a.d. Isar, aus der Gruppe „Donaustädte“.

Landshuter Straße (Innenstadt/Ostenviertel; ❶ ❿ F/G/H/I 8/9/10/11): Benannt nach dem Zielort. Eine der traditionellen mittelalterlichen Ausfallstraßen; Beginn der historischen Fernverbindung nach Landshut. Der entsprechende Verkehr verließ die Stadt entweder durch das Ostenoder durch das Peterstor (vgl. „Am Peterstor“).

Langer Weg (Burgweinting; ⓲ I/K 12; im Zentrum des Neubaugebiets): „Sprechender“ Straßenname. Als man begann, das Neubaugebiet Burgweinting anzulegen, gab es zunächst nur zwei Straßen, eine längere und eine kürzere. (Vgl. auch „Kurzer Weg“.)

Lappersdorfer Straße (Steinweg; ❸ F 5/6/7): Benannt nach dem Zielort. Verlauf: von Steinweg in Richtung Lappersdorf.

Lechstraße (Reinhausen; ❼ H 6/7; zwischen Donaustaufer Straße und Brandlberger Straße): Aus der Gruppe „Flüsse in Bayern“.

Lederergasse (Altstadt; ❶ E 8b): Früher lebten die Menschen vielfach nach Berufsgruppen zusammen. Hier waren Handwerker ansässig, die Leder bearbeiteten. (Vgl. auch „Gerbergasse“, „Weißgerbergraben“.)

Lehenackerweg (Leoprechting; ⓱ F 13): Flurname. Verweis auf frühere landwirtschaftliche Nutzung und auf die besitzrechtlichen Verhältnisse. Das Dorf Leoprechting stand bis zur Säkularisation 1802/10 – wie das benachbarte Oberisling – weitgehend unter der Grundherrschaft des Klosters St. Emmeram (vgl. Gruppe „St. Emmeram in Oberisling“). Ein Teil von dessen Grundbesitz war an die ansässigen Bauern verliehen.

Lehnerweg (Altstadt; ❶ G 8): Die Stadtbauern-Familie Lehner (vgl. „Krauterermarkt") besaß im 19. Jahrhundert ein Gartengrundstück zwischen Minoritenweg und Von-der-Tann-Straße (heute: Minoritenweg 22). An dieser Stelle mündete damals noch der Lehnerweg ein; erst als das Neue Gymnasium (heute: Albrecht-Altdorfer-Gymnasium) gebaut wurde (1892–1894), verschwand sein südlicher Teil.

Leibnizstraße (Harting; ⓲ K/L/M 10/11; von der Junkersstraße nach O): Aus der Gruppe „Erfinder und Entdecker". Gottfried Wilhelm Leibniz (1646–1716), Universalgelehrter; (u.a.) Entwicklung der Infinitesimalrechnung.

Leichtlgasse (Großprüfening; ⓮ A 9): Die Familie Leichtl war seit alters in Großprüfening ansässig.

Lena-Christ-Weg (Burgweinting; ⓲ I 12; im W des Neubaugebiets): Aus der Gruppe „Frauen". Lena Christ (1881–1920), Schriftstellerin mit Themen aus dem ländlichen und bäuerlichen Leben.

Lenaustraße (Neuprüll; ⓭ E 11): Aus der Gruppe „Schriftsteller 1". Nikolaus Lenau (1802–1850), Schriftsteller in der Tradition der Romantik.

Lenbachweg (geplant) (Königswiesen; ⓮ C 9): Aus der Gruppe „Bildende Künstler". Franz von Lenbach (1836–1905), Portrait- und Gesellschaftsmaler des Realismus.

Leonbergweg (Brandlberg; ❻ I 6): Aus der Gruppe „Eisenindustrie in der Oberpfalz". Standort der Maxhütte bei Burglengenfeld.

Leoprechtinger Weg (Galgenberg/Leoprechting; ⓬ ⓱ F 10/11/12): Benannt nach dem Zielort. Verlauf: vom Galgenberg nach Leoprechting. Seit der Anlage der Universität zu einem großen Teil ins dortige Fußwegenetz integriert. – Der ehemals nicht zu Regensburg gehörige Ort Leoprechting, um 1020 zum ersten Mal erwähnt, wurde 1977 nach Regensburg eingemeindet. Der Name verweist darauf, daß die Siedlung von einem gewissen Liebhart gegründet worden ist (vgl. „Liebhartstraße").

Lerchenfeldstraße (Kasernenviertel; ⓫ H 9; zwischen Walderdorffstraße und Guerickestraße): Aus der Gruppe „Berühmte Regensburger 1". Bürger- und Patrizierfamilie. Ihr Wohnhaus befand sich im 16. und 17. Jahrhundert in der Unteren Bachgasse (heute: Untere Bachgasse 12/14; „Lerchenfelder Hof").

Lessingstraße (Innerer Westen; ⓯ D 8; vom Hochweg nach S): Aus der Gruppe „Schriftsteller 2". Gotthold Ephraim Lessing (1729–1781), Schriftsteller der Aufklärung.

Leublfingstraße (Kasernenviertel; ⓫ G 9; von der Landshuter Straße nach NO): Max Graf von Leublfing (gest. 1893), Angehöriger des 11. Bayerischen Infanterieregiments „Von der Tann", Teilnehmer des deutsch-französischen Kriegs von 1870/71.

Leuchtenbergweg (Königswiesen-Süd; ⓭ D 10): Aus der Gruppe „Mittelalter in Regensburg". Bürger- und Patrizierfamilie.

Lichtenfelser Straße (Haslbach; ❹ I 3): Aus der Gruppe „Traditionelle Industriestädte in Nordostbayern". Standort der Korbflechterei-Industrie.

Lichtenwaldstraße (Sallern; ❹ F 5): Borgias Lichtenwald, Mitglied des Ordens der Barmherzigen Brüder, Leiter der bayerischen Ordensprovinz (Anfang 20. Jh.). – Bezug: Lichtenwald stammte aus Sallern.

Liebermannweg (Kumpfmühl; ⓭ D 9; von der Spitzwegstraße nach NO): Aus der Gruppe „Bildende Künstler". Max Liebermann (1847–1935), Maler und Graphiker des Impressionismus.

Liebhartstraße (Leoprechting; ⓱ E/F 12): Liebhart, Gründer von Leoprechting (vgl. „Leoprechtinger Weg").

Liebigstraße (Hohes Kreuz; ❿ I 9): Aus der Gruppe „Erfinder und Entdecker". Justus von Liebig (1803–1873), Chemiker; Forschungen zur Verbesserung der Landwirtschaft und ihrer Erträge.

Lieblstraße (Oberer Wöhrd; ❶ E/F 7/8): Johann Baptist Liebl (gest. 1863), Oberjustizrat und Oberpostrat bei der Familie der Fürsten von Thurn und Taxis. – Bezug: Ab 1830 war Liebl Besitzer des an dieser Straße liegenden Gartenpalais (heute: Lieblstraße 2, „**Villa Lauser**").

Lieperkingstraße (Leoprechting; ⓱ F 12/13): Traditionell wurde Leoprechting „Lieperking" genannt. Diese Bezeichnung läßt besser als die heutige erkennen, daß der Ortsname eigentlich „Gründung des Liebhart" bedeutet (vgl. „Leoprechtinger Weg", „Liebhartstraße").

Ligastraße (Prüfening; ⓯ B 8/9): Hier entstand ab den 1920er Jahren eine kleine Siedlung, die von der „Liga Spar- und Kreditgenossenschaft mbH" angelegt wurde.

Lilienthalstraße (Äußerer Westen; ⓯ C 8/9; von der Kirchmeierstraße nach N): Aus der Gruppe „Flieger und Flugzeugbauer". Otto Lilienthal (1848–1896), Ingenieur, Konstrukteur von Flugzeugen.

Lindenplatz (Margaretenau; ⓯ D 9)/**Lindenstraße** (Margaretenau; ⓯ D 9): Aus der Gruppe „Bäume".

Lindnergasse (Altstadt; ❶ F 8b): Ein Bäckermeister namens Georg Bartholomäus Lindner besaß hier Anfang des 19. Jahrhunderts ein Anwesen (heute abgebrochen; zuvor: Thundorferstraße 8).

Linzer Straße (Ostenviertel; ❿ H 8; von der Prinz-Ludwig-Straße nach N): Aus der Gruppe „Donaustädte".

Lise-Meitner-Weg (Burgweinting; ⓲ I 12; im Zentrum des Neubaugebiets): Aus der Gruppe „Frauen". Lise Meitner (1878–1968), Physikerin, Mitarbeiterin von Otto Hahn.

Liskircherstraße (Innerer Westen; ⓯ E 8/9; zwischen Hoppestraße und Dechbettener Straße): Aus der Gruppe „Berühmte Regensburger 2". Bürger- und Patrizierfamilie des Mittelalters mit wichtiger Rolle in der städtischen Politik. (Ein Wolfgang Liskircher zum Beispiel war zu Beginn des 16. Jahrhunderts Bürgermeister.) Ihr Wohnhaus befand sich in der Unteren Bachgasse (heute: Untere Bachgasse 10).

Lisztstraße (Galgenberg; ⓬ G 10; zwischen Rennerstraße und Carl-Maria-von-Weber-Straße): Aus der Gruppe „Komponisten und Musiker". Franz Liszt (1811–1886), Komponist der Romantik.

Löbelstraße (Graß; ⓱ D 12): Die Bürger- und Patrizierfamilie Löbl aus Regensburg übte im 14. Jahrhundert die Grundherrschaft in Graß aus. Ihr folgte der Deutsche Orden (vgl. „Deutschherrnweg").

Lohackerstraße (Dechbetten; ⓮ C 9; von An der Brunnstube nach SW)/**Lohgrabenstraße** (Äußerer Westen; ⓯ D 8; von der Prüfeninger Straße nach NO): Flurnamen. Der Lohgraben („Lohe" = „Sumpf") war ein kleiner Bach, dessen Verlauf heute kaum mehr nachvollziehbar ist. Er entsprang bei Dechbetten, durchquerte die damals noch unbebaute Landschaft in Richtung Nordosten, speiste in Prebrunn die dortigen Weiher (vgl. „Prebrunnstraße") und mündete schließlich in die Donau.

Loisachstraße (Reinhausen; ❼ H 6; von der Isarstraße nach S): Aus der Gruppe „Flüsse in Bayern".

Lothgäßchen (Altstadt; ❶ E 8d): Ein Schreinermeister namens Karl Christian Loth besaß hier Anfang des 19. Jahrhunderts ein Anwesen (heute: Lothgäßchen 1).

Lothringer Straße (Steinweg; ❸ F 6; von der Pfälzer Straße nach W): Aus der Gruppe „Südwestdeutsche Länder" (wobei „südwestdeutsch" nicht politisch, sondern kulturell und historisch zu verstehen ist).

Lottnerstraße (Prüfening; ⓯ B 8): Aus der Gruppe „Widerstand". Michael Lottner (1899–1945), gebürtig aus Katzdorf bei Neunburg vorm Wald/Oberpfalz, ab 1935 in Regensburg. Polizist im Ruhestand, Bezirksinspektor im Versicherungswesen. Lottner nahm an der Demonstration teil, die sich in Regensburg im April 1945 spontan organisierte und zur kampflosen Übergabe der Stadt an die amerikanischen Truppen aufrief. Er wurde von den Sicherheitskräften erschossen. (Vgl. auch „Dr.-Johann-Maier-Straße", „Zirklstraße".)

Ludwig-Eckert-Straße (Innerer Westen; ⓯ E 8; zwischen Prüfeninger Straße und Dechbettener Straße): Aus der Gruppe „Berühmte Regensburger 2". Ludwig Eckert (1874–1944), Großkaufmann, Kommerzienrat, gehörte zu den Honoratioren im Regensburg des frühen 20. Jahrhundert. – Bezug: Eckert wohnte lange Jahre in einem der anliegenden Häuser (heute: Ludwig-Eckert-Straße 2).

Ludwig-Erhard-Straße (Königswiesen-Süd; ⓭ D 10/11): Aus der Gruppe „Politiker des demokratischen Deutschland und Bayern“. Ludwig Erhard (1897–1977), Vorsitzender der CDU 1966–1967, Wirtschaftsminister 1949–1963, Bundeskanzler 1963–1966, „Vater des deutschen Wirtschaftswunders“.

Ludwig-Thoma-Straße (Ganghofersiedlung; ⓭ E/F 10): Aus der Gruppe „Schriftsteller 1“. Ludwig Thoma (1867–1921), bayerischer Volks- und Heimatdichter.

Ludwigstraße (Altstadt; ❶ F 8a): Ursprünglich „Goldene-Arm-Straße“, nach einem Gasthof. 1830 umbenannt, nach König Ludwig I. von Bayern (1786–1868, Regierungszeit 1825–1848), der damals Regensburg anläßlich der Grundsteinlegung der Walhalla besuchte.

Luitpoldstraße (Innenstadt/Ostenviertel; ❶ ❿ F/G 9; vom Ernst-Reuter-Platz zum Stobäusplatz): Als in der Gründerzeit östlich und westlich der Altstadt neue Wohnviertel entstanden (vgl. Gruppe „Gründerzeit“), wurden unter anderem auch die seinerzeitigen Herrscher verewigt. Hier: Prinzregent Luitpold von Bayern (1821–1912, Regierungszeit 1886–1912). (Vgl. auch „Wittelsbacherstraße“, „Wilhelmstraße“, „Augustenstraße“).

Lukasweg (Oberisling; ⓱ G 12): Aus der Gruppe „St. Emmeram in Oberisling“. Neben der Grundherrschaft übte das Kloster St. Emmeram in Oberisling traditionell auch die Seelsorge aus. Nach dessen Säkularisation regte der Pfarrvikar Georg Martin Lukas an, im Ort eine eigene Pfarrei zu installieren. Der Vorschlag wurde verworfen; Oberisling wurde Filiale der Pfarrei Hohengebraching.

Lusenstraße (Reinhausen; ❼ G 6; von der Rachelstraße nach W): Aus der Gruppe „Bayerischer Wald 3: Hochwald“. Berg im Bayerischen Wald.

Luzengasse (Altstadt; ❶ F 8d): Ein Goldschmied namens Lutz und ein Gastwirt namens Lutz (nicht miteinander verwandt) waren im 18. Jahrhundert hier ansässig.

M

Macheinerweg (Kumpfmühl; ⓭ D 10; zwischen Hafnersteig und Klenzestraße): Aus der Gruppe „Bildende Künstler". Georg Anton Macheiner (1685–1739), Bildhauer des Rokoko aus Regensburg.

Machthildstraße (Oberisling; ⓱ G 12): Aus der Gruppe „St. Emmeram in Oberisling". Eine gewisse Machthild wird 1095 erwähnt; sie tauschte damals mit dem Kloster St. Emmeram Grundbesitz in Oberisling.

Mackensenstraße (Kasernenviertel; ⓫ G 9/10; von der Landshuter Straße nach SW): Aus der Gruppe „Militär und Militärs". August von Mackensen (1849–1945), Offizier und Generalfeldmarschall des preußischen Heeres, Teilnehmer des Ersten Weltkriegs.

Mälzelweg (Äußerer Westen; ⓯ C 8/9; von der Prüfeninger Straße nach N): Aus der Gruppe „Berühmte Regensburger 2". Johann Nepomuk Mälzel (1772–1838), gebürtig aus Regensburg, ab 1792 in Wien, ab 1826 in Amerika, Instrumentenbauer und Erfinder diverser Musikautomaten. Daß er der Erfinder des Metronoms gewesen sei, ist falsch; die Behauptung ist aber schon von Mälzel selbst in Umlauf gesetzt worden.

Maffeistraße (Unterer Wöhrd; ❶ G 8): Der Unternehmer Joseph Anton Maffei (1790–1870), Gründer einer Maschinenfabrik in München, ließ 1854 ein Zweigwerk seiner Firma auf dem Unteren Wöhrd errichten. Nach der Stillegung des Werks 1881 wurde das Gelände zum größeren Teil nicht wieder bebaut; auf der Freifläche befindet sich heute der Busparkplatz.

Maidenbergstraße (Unterer Wöhrd; ❶ G 8): Konrad von Megenberg (1309–1374), einer der großen Theologen und Wissenschaftler des Mittelalters, kam, nach Studium und Lehrtätigkeit in Paris und Wien, 1348 nach Regensburg, wo er auf Dauer blieb. Von 1359 bis 1363 war er hier Dompfarrer.

Maierhoferstraße (Ostenviertel; ❿ G 9; zwischen Luitpoldstraße und Hemauerstraße): Aus der Gruppe „Berühmte Regensburger 1". Ambrosius Mayrhofer (ca. 1530–1581), gebürtig aus Regensburg. Ab 1550 Mönch im Kloster St. Emmeram; Abt 1575–1581. Mayrhofer veranlaßte den Neubau des Kirchturms von St. Emmeram (1575–1579).

Malergasse (Altstadt; ❶ F 8d): Eine Familie Maler oder Mäller besaß hier früher ein Anwesen. Der Straßenname ist somit *nicht* von einem hier ansässigen Handwerk abgeleitet.

Margaretenau (Margaretenau; ⓯ D 8/9): Hauptstraße der Siedlung Margaretenau. Sie entstand ab 1919; zuvor war das Gelände eine Aue.

Diese durchquerte ein Weg, der vom Schloß der Familie der Fürsten von Thurn und Taxis zu deren Rennplatz bei Großprüfening (vgl. Gruppe „Thurn und Taxis 3: Rennplatz") führte; er wurde häufig von der seinerzeitigen Fürstin Margarete (vgl. „Margaretenstraße") bei ihren Ausritten benutzt.

Margaretenstraße (Innenstadt; ❶ E/F 9): Aus der Gruppe „Thurn und Taxis 1: Schloß". Erzherzogin Margarete von Österreich (1870–1955), Gattin von Fürst Albert von Thurn und Taxis (vgl. „Albertstraße"), Ehrenbürgerin der Stadt Regensburg 1950.

Maria-Herbert-Straße (Ganghofersiedlung; ⓭ E 10/11): Aus der Gruppe „Schriftsteller 1". Therese Keiter, mit dem Pseudonym Maria bzw. Marianne Herbert (1859–1925), Schriftstellerin. Sie lebte ab 1888 in Regensburg.

Marie-Curie-Straße (Harting; ⓲ L 11; von der Leibnizstraße nach S): Aus der Gruppe „Erfinder und Entdecker". Marie Curie (1867–1935), Physikerin und Chemikerin; Forschungen zur Radioaktivität.

Marienbader Straße (Konradsiedlung; ❺ H 6; von der Egerstraße nach W): Aus der Gruppe „Deutsche Nation". Stadt im Sudetenland (Staat: Tschechien) außerhalb Deutschlands mit (ehemals) deutscher Bevölkerung und deutscher Vergangenheit.

Marienstraße (Kasernenviertel; ⓫ H/I 11; von der Benzstraße nach SO): Mit Maria ist wahrscheinlich Maria, Mutter Gottes, gemeint. – Der Bezug zu den örtlichen Gegebenheiten ist unklar.

Markomannenstraße (Kasernenviertel; ⓫ H 11; von der Bajuwarenstraße nach S): Aus der Gruppe „Germanisch-deutsche Volksstämme".

Marschallstraße (Altstadt; ❶ F 8c): Aus der Gruppe „Thurn und Taxis 1: Schloß". In der Nähe, beidseitig der Waffnergasse, befinden sich der alte (1829–1831) und der neue Marstall (1904–1909) der Familie der Fürsten von Thurn und Taxis.

Martin-Ernst-Straße (Prüfening; ⓯ B 8): Aus der Gruppe „Widerstand". Martin Ernst (1888–1962), gebürtig aus Regensburg. Politiker, Funktionär der SPD, Stadtrat 1946–1962. Während der Zeit des Nationalsozialismus war Ernst mehrfach in Haft.

Martin-Greif-Straße (Ganghofersiedlung; ⓭ E 10): Aus der Gruppe „Schriftsteller 1". Martin Greif (1839–1911), Schriftsteller mit patriotischem und historischem Bezug.

Martin-Mauerer-Weg (Kasernenviertel; ⓫ G 9; zwischen Hermann-Geib-Straße und Graf-Spee-Straße): Aus der Gruppe „Berühmte Regensburger 1". Johann Karl Martin Mauerer (1783–1828), Erster Bürgermeister 1818–1828 (der erste nach dem Übergang Regensburgs an Bayern).

Martinweg (Galgenberg; ⓬ F/G 10; zwischen Schubertstraße und Carl-Thiel-Straße): Aus der Gruppe „Komponisten und Musiker". Johann Paul Ägidius Martini (1741–1816), gebürtig aus Freystadt/Oberpfalz; Kapellmeister, Kompositionslehrer, Opernkomponist in Paris.

Mathildenstraße (Innerer Westen; ⓯ E 8; zwischen Taxisstraße und Ludwig-Eckert-Straße): Aus der Gruppe „Thurn und Taxis 1: Schloß". Prinzessin Mathilde von Öttingen (1816–1886), zweite Gattin von Fürst Maximilian Karl von Thurn und Taxis (vgl. „Maximilian-Karl-Straße").

Mattinger Straße (Großprüfening; ⓮ A/B 9/10): Benannt nach dem Zielort. Verlauf: von Großprüfening in Richtung Matting.

Mauttafelstraße (Oberisling; ⓱ G 12): Flurname. Mögliche Erklärung: Die „Mauttafeläcker" liegen am Unterislinger Weg, nordöstlich des alten Ortskerns von Oberisling. In der Vergangenheit befand sich ganz in der Nähe die Grenze zum Territorium der Freien Reichsstadt Regensburg und, am Weg selbst, ein Grenzübergang mit Mautstelle (vgl. „Irlmauth"). Hier wird es mit Sicherheit diverse Schilder und Tafeln mit Hinweisen über die zu zahlenden Zölle und ähnliches gegeben haben.

Max-Dauer-Gasse (Reinhausen; ❼ G 7; zwischen Untere Regenstraße und Holzgartenstraße): Max Dauer, letzter Bürgermeister von Reinhausen vor dessen Eingemeindung nach Regensburg 1924.

Max-Planck-Straße (Ostenviertel/Harting; ❿ ⓲ I/K/L 9/10/11/12/13/14; von der Osttangente nach SO): Aus der Gruppe „Erfinder und Entdecker". Max Planck (1858–1947), Physiker; Forschungen zur Quantenphysik.

Maxhüttenstraße (Ostenviertel; ❿ K 9; von der Siemensstraße nach NW): Im Regensburger Industrie- und Gewerbegebiet verweisen die Straßennamen häufig auf den Prozeß der Industrialisierung der letzten zweihundert Jahre. Neben dessen Wegbereitern (vgl. Gruppe „Erfinder und Entdecker") wird dabei auch eine wichtige Institution erwähnt, die Maxhütte (vgl. Gruppe „Eisenproduktion in der Oberpfalz").

Maximilian-Aschenauer-Straße (Niederwinzer; ⓰ D 7): Maximilian Aschenauer (1865–1958), Vorstand des Regensburger Verschönerungsvereins. – Bezug: Der Verein war vor allem um die Jahrhundertwende aktiv; sein Ziel: die Umgebung Regensburgs durch Anpflanzungen zu verschönern. Mit besonders großem Aufwand bemühte man dabei um die – nahegelegenen – Winzerer Höhen.

Maximilian-Karl-Straße (Kumpfmühl; ⓭ E 10; zwischen Karl-Anselm-Straße und Nibelungenstraße): Aus der Gruppe „Thurn und Taxis 2: Hofgarten". Maximilian Karl von Thurn und Taxis (1802–1871), regierender Fürst 1827–1871.

Maximilianstraße (Altstadt; ❶ F 8d/9): Für die Altstadt eine relativ neue Straße; ihre Entstehung reicht nur bis in das Jahr 1809 zurück. Damals, am 23. April, fand die Schlacht um Regensburg zwischen den Franzosen unter Napoleon und den Österreichern statt, in deren Verlauf der Süden des seinerzeitigen Regensburg zu einem großen Teil in Schutt und Asche gelegt wurde. (Vgl. auch „Österreicherweg".) Beim Wiederaufbau beschloß man, eine großzügige, geradlinig verlaufende Erschließungsachse zu schaffen; so entstand die Maximilianstraße, benannt nach dem regierenden König von Bayern, Maximilian I. (1756–1825, Regierungszeit 1799–1825), der Regensburg damals, 1810, gerade in Besitz nahm.

Mecklenburger Straße (Konradsiedlung; ❺ H 5; zwischen Ostpreußenstraße und Berliner Straße): Aus der Gruppe „Deutsche Nation". Mitteldeutsche Region, von der deutschen Teilung betroffen (gewesen).

Melanchthonweg (Königswiesen-Süd; ⓭ D 10): Philipp Melanchthon (1497–1560), Theologe, Schüler und Mitarbeiter Martin Luthers. – Bezug: Melanchthon war 1541 anläßlich eines Religionsgesprächs zwischen Katholiken und Protestanten in Regensburg.

Memeler Straße (Konradsiedlung; ❺ H/I 6; zwischen Sandgasse und Königshütter Straße): Aus der Gruppe „Deutsche Nation". Stadt im Memelgebiet, von Deutschland im Friedensvertrag von Versailles an Litauen abgetreten.

Meraner Straße (Konradsiedlung; ❺ H/I 5; zwischen Sandgasse und Posener Straße): Aus der Gruppe „Deutsche Nation". Stadt in Südtirol (Staat: Italien) außerhalb Deutschlands mit deutscher Bevölkerung und deutscher Vergangenheit.

Merianweg (Königswiesen; ⓮ C/D 10; von der Dr.-Gessler-Straße nach SW): Aus der Gruppe „Bildende Künstler". Matthäus Merian (1593–1650), Kupferstecher des Barock, bekannt für seine Städteansichten.

Merkurstraße (Ziegetsdorf; ⓭ D 11; von der Ziegetsdorfer Straße nach S): Aus der Gruppe „Römische Götter".

Messerschmittstraße (Äußerer Westen; ⓯ C 7/8; zwischen Wernerwerkstraße und Weinweg): Aus der Gruppe „Flieger und Flugzeugbauer". Willy Messerschmitt (1898–1978), Ingenieur, Konstrukteur von Flugzeugen.

Metgebergasse (Altstadt; ❶ F 8a): Vielleicht besaß hier früher eine Familie Metgeber ein Anwesen; vielleicht war hier früher ein oder mehrere Schankwirte ansässig, die Met verkauften. Die Bezeichnung „Metgeb" (für ein Gewerbe oder eine Familie) taucht schon im Mittelalter auf, der Straßenname erstmals im 16. Jahrhundert.

Metzer Straße (Konradsiedlung; ❺ I 5/6; zwischen Straßburger Straße und Eupener Straße): Aus der Gruppe „Deutsche Nation". Stadt in Lothringen, von Deutschland im Friedensvertrag von Versailles endgültig an Frankreich abgetreten.

Metzgerweg (Schwabelweis; ❾ K 7): Wahrscheinlich nach einer Familie, die hier ansässig war bzw. Grundbesitz hatte.

Metzlkellerweg (Konradsiedlung; ❺ G 6; zwischen Siebenbürgener Straße und Weinzierlstraße): Inmitten der Wohnviertel im Norden von Regensburg finden sich einige wenige Straßennamen, die an eine Zeit erinnern, als hier nur ein paar landwirtschaftliche Einrichtungen bestanden (vgl. „Hopfengartenweg", „Weinzierlstraße"). Zu ihnen paßt der „Metzlkellerweg", der auf ein ehemaliges Bier- oder Weinlager eines gewissen Metzl verweist.

Michael-Burgau-Straße (Äußerer Westen; ⓯ C 8/9; von der Prüfeninger Straße nach N): Aus der Gruppe „Berühmte Regensburger 2". Michael Burgau (1878–1949), gebürtig aus Regensburg. Gewerkschafter, Stadtrat (SPD) 1924–1933.

Michelerstraße (Schwabelweis; ❾ K 7): Der Unternehmer Micheler gründete 1877 unweit von hier ein Kalkwerk. Der Standort ergab sich aus der Nähe zu den Hängen des Keilbergs, wo Kalk abgebaut wurde. (Vgl. auch „Kalkwerkstraße", „Büechlstraße").

Minoritenweg (Altstadt; ❶ F/G 8): Hier befand sich das Kloster der Franziskaner, die auch Minoriten genannt wurden, gegründet 1226, säkularisiert und aufgelöst 1802/03. Anschließend wurden die Gebäude über hundert Jahre lang als Kaserne genutzt (mit der **Minoritenkirche St. Salvator** als Exerzierhalle!); seit den 1930er Jahren besteht hier das Museum der Stadt Regensburg.

Mispelweg (geplant) (Keilberg; ❻ L 5): Aus der Gruppe „Wald und Flur".

Mitterweg (Kasernenviertel; ⓫ G 10; von der Hermann-Geib-Straße nach O): Flurname. Verweis auf die Lage eines Grundstücks.

Mörikestraße (Neuprüll; ⓭ E 11): Aus der Gruppe „Schriftsteller 1". Eduard Mörike (1804–1875), Schriftsteller des Realismus.

Moosweg (Burgweinting; ⓲ I 12; im Zentrum des Neubaugebiets): Die ersten Straßen im Neubaugebiet Burgweinting wurden einfach „Langer" und „Kurzer Weg" genannt. In einer zweiten Etappe der Namengebung verwendete man Flurnamen bzw. orientierte sich – wie hier – an der landschaftlichen Umgebung.

Mozartstraße (Galgenberg; ⓬ F/G 9; von der Galgenbergstraße nach SO): Aus der Gruppe „Komponisten und Musiker". Wolfgang Amadeus Mozart (1756–1791), Komponist der Klassik.

Mühlweg (Kasernenviertel; ⓫ G 9; von der Furtmayrstraße nach SO): Benannt nach der Lage. Der Name deutet darauf hin, daß in der Umgebung früher eine – vermutlich mit Wasserkraft betriebene – Mühle bestanden hat. In der Tat zeigt ein Blick auf den Stadtplan, daß hier offensichtlich einmal ein Bach verlief. Denn den Mühlweg setzen stadtauswärts verschiedene Straßen fort, die zusammen ungefähr eine gerade Linie bilden: wahrscheinlich das ehemalige Bachbett oder ein danebenliegender Weg. Interessanterweise gibt es weiter stadtauswärts den „Hinteren Mühlweg“ (vgl. „Hinterer Mühlweg“).

Mülhausener Straße (Konradsiedlung; ❺ H/I 5; zwischen Straßburger Straße und Sandgasse): Aus der Gruppe „Deutsche Nation“. Stadt im Elsaß, von Deutschland im Friedensvertrag von Versailles an Frankreich abgetreten.

Müllerstraße (Oberer Wöhrd; ❶ F 8a): Georg Friedrich Müller (1760–1843), Hof- und Geheimrat der Familie der Fürsten von Thurn und Taxis; Stifter einer höheren Bildungsanstalt für Mädchen, aus der sich das „Von-Müller-Gymnasium“ entwickelte.

Münchberger Straße (Haslbach; ❹ H/I 3): Aus der Gruppe „Traditionelle Industriestädte in Nordostbayern“. Standort der Textilindustrie.

Münzerweg (Rennplatz; ⓯ C 8): Aus der Gruppe „Berühmte Regensburger 2“. Erasmus Münzer, Abt des Benediktinerklosters St. Emmeram 1493–1517. Münzer veranlaßte, daß die überaus reichhaltige Bibliothek seines Klosters katalogisiert und für Forscher zugänglich gemacht wurde.

N

Naabstraße (Weichs; ❼ G 7; von der Frankenstraße nach S): Aus der Gruppe „Flüsse in Bayern".

Nelkenweg (Galgenberg; ⓬ G 10; vom Unterislinger Weg nach W): Aus der Gruppe „Blumen".

Nestroystraße (Ziegetsdorf; ⓭ D 11; von der Schmellerstraße nach W): Aus der Gruppe „Schriftsteller 1". Johann Nepomuk Nestroy (1801–1862), österreichischer Volks- und Heimatdichter.

Neue-Waag-Gasse (Altstadt; ❶ F 8a): Hier befand sich die Waage der Freien Reichsstadt Regensburg (heute: Haidplatz 1), auf der Handelsgüter vor ihrem Verkauf abgewogen wurden. Sie ersetzte 1441 eine ältere, kleinere Waagstätte in der St.-Albans-Gasse; deshalb „*Neue* Waag".

Neufferstraße (Ostenviertel; ❿ G 8; zwischen Adolf-Schmetzer-Straße und Reichsstraße): Aus der Gruppe „Berühmte Regensburger 1". Georg Neuffer (1819–1893), gebürtig aus Regensburg, Großkaufmann, gehörte zu den Honoratioren im Regensburg des späten 19. Jahrhunderts. Sein Cousin Wilhelm Neuffer (1810–1894), ebenfalls gebürtig aus Regensburg, ebenfalls Großkaufmann, ebenfalls zu den Honoratioren der Stadt gehörig, war darüber hinaus auch in der bayerischen Politik aktiv, als Mitglied des bayerischen Landtags.

Neuhausstraße (Altstadt; ❶ E 8b/d): Hier befindet sich das Stadttheater von Regensburg. Es ersetzte 1804 ein älteres, kleineres Theater auf dem Ägidienplatz; deshalb „*Neues* Haus".

Neumannstraße (Kasernenviertel; ⓫ H 9; zwischen Plato-Wild-Straße und Walderdorffstraße): Aus der Gruppe „Berühmte Regensburger 1". Carl Woldemar Neumann (1830–1888), gebürtig aus Landau/Pfalz, ab 1859 in Regensburg als Angehöriger des 11. Bayerischen Infanterieregiments „Von der Tann". Nach vorzeitiger Pensionierung ausgiebige Forschungen zur Regensburger Geschichte. Ehrenbürger der Stadt Regensburg 1872.

Neupfarrplatz (Altstadt; ❶ F 8 c/d): Hier befindet sich die **Neupfarrkirche**, errichtet im 16. Jahrhundert, was sie für Regensburger Verhältnisse zu einer relativ „neuen" Einrichtung macht. Sie wurde nach dem Pogrom von 1519 und der Vertreibung der mittelalterlichen jüdischen Gemeinde, die hier ihr angestammtes Viertel gehabt hatte, anstelle der zerstörten Synagoge gebaut. Zunächst war sie eine Wallfahrtskirche; ab 1542, als die Freie Reichsstadt Regensburg protestantisch wurde, diente sie als Pfarrkirche des neuen Glaubens.

Neuprüll (Neuprüll; ⓭ E 11): Nach der Säkularisation des Klosters Prüll 1803 (vgl. „Karthaus-Prüll") erhielten einige der Taglöhner, die in seinen Diensten gestanden hatten, vom bayerischen Staat Grundstücke südlich der ehemaligen Klosteranlage zugewiesen, damit sie sich eine neue Existenz aufbauen konnten. So entstand eine neue Siedlung.

Neutraublinger Straße (Harting; ⓲ M/N 12): Benannt nach dem Zielort. Verlauf: von Harting in Richtung Neutraubling. Mündet seit der Neuanlage der Herbert-Quandt-Allee (im Zuge der Ansiedlung des BMW-Werks) in diese ein und verläuft nicht mehr bis zum Zielort durchgehend.

Neyweg (Dechbetten; ⓮ C 9; zwischen Dechbetten und Schwalbenneststraße): Aus der Gruppe „Bildende Künstler". Franz Anton Ney/Neu (gest. 1758), Maler und Stukkateur des Rokoko aus Großprüfening.

Nibelungenstraße (Kumpfmühl; ⓭ E 10; von der Augsburger Straße nach SO): Aus der Gruppe „Nibelungen".

Nicolaus-Gallus-Straße (Königswiesen-Süd; ⓭ D 10): Nicolaus Gallus (1516–1570), gebürtig aus Köthen/Anhalt, 1543–1548 und 1552–1570 in Regensburg. Theologe, Superintendent (d. h. oberster protestantischer Geistlicher). Gallus war maßgeblich am Aufbau einer neuen Kirchenorganisation in der 1542 protestantisch gewordenen Freien Reichsstadt beteiligt.

Niedermünstergasse (Altstadt; ❶ F 8b/d): Hier befand sich das adelige Damenstift Niedermünster, das zu den ältesten geistlichen Einrichtungen in Regensburg gehörte. Eine erste kleine **Kirche** bestand wohl schon um 700. Sie war zeitweise Bischofskirche und wurde mehrfach umgebaut und vergrößert. Als der Bischof seine Residenz weiter nach Westen verlegte, siedelte sich am alten Standort eine klösterliche Gemeinschaft adeliger Damen an; sie bestand bis zur Säkularisation 1802/10. Danach wurden die Gebäude wieder vom Bischof bezogen.

Niefangweg (Prüfening; ⓯ B 9): Flurname. Die Bezeichnung hat etwas mit „ein-", „umzäunen" zu tun, und verweist damit vermutlich auf ein Grundstück, das mit einem Zaun begrenzt war.

Nittenauer Straße (Wutzlhofen; ❹ H 5): Aus der Gruppe „Bayerischer Wald 2: Vorwald".

Nonnenplatz (Altstadt; ❶ E 8b): Hier befindet sich das Dominikanerinnenkloster Heilig Kreuz (vgl. „Kreuzgasse").

Nordgaustraße (Weichs/Reinhausen; ❽ ❼ ❺ ❹ G 6/7/8): Benannt nach der Zielrichtung, mit der alten bayerischen Bezeichnung. Im Zusammenhang mit dem Bau der Nibelungenbrücke in den 1930er Jahren geschaffene Alternative für den Fernverkehr von Regensburg in Richtung Oberpfalz. (Zum traditionellen Verlauf vgl. „Amberger Straße", „Schwandorfer Straße".)

Nothaftstraße (Graß; ⓱ D 12): Zwischen dem in Graß herrschenden Deutschen Orden (vgl. „Deutschherrnweg“) und dem Adeligen Emmeram Nothaft entspann sich 1425 eine Fehde, unter der die Bauern von Graß schwer zu leiden hatten.

Nürnberger Straße (Ober-/Niederwinzer; ⓰ A/B/C/D 6/7): Benannt nach dem Zielort. Fortsetzung der Alten Nürnberger Straße jenseits der Unterbrechung durch die Autobahntrasse. – Zum historischen Bezug vgl. „Alte Nürnberger Straße“.

Nußbergerstraße (Reinhausen; ❼ G 7; von der Holzgartenstraße nach O): Aus der Gruppe „Bayerischer Wald 3: Hochwald“. Adelsgeschlecht im Bayerischen Wald, ansässig in der Gegend von Viechtach.

Nußweg (Keilberg; ❻ L 6): Aus der Gruppe „Wald und Flur“.

O

Obere Bachgasse (Altstadt; ❶ F 8c): Hier floß früher der Stadtbach entlang (vg. „Am Vitusbach“); seit dem 19. Jahrhundert ist er ins Kanalisationssystem verlegt. Nördlich, weiter abwärts, schließt die Untere Bachgasse an.

Obere Regenstraße (Reinhausen; ❼ G 6/7): Nach der Lage unmittelbar am Regen. Flußabwärts schließt die Untere Regenstraße an.

Oberer Ehweg (Harting; ⓲ L/M 11/12): Aus der Gruppe „Dorf Harting“. Zur Erläuterung: „Eh“ = „Aue“. Der Weg liegt an einem Bach. Weiter bachabwärts schließt der Untere Ehweg an.

Oberfeldweg (Prüfening; ⓯ B 8/9): Flurname. Verweis auf frühere landwirtschaftliche Nutzung und auf die Lage eines bestimmten Grundstücks.

Oberländerstraße (Kumpfmühl; ⓭ E 9; zwischen Am Kumpfmühler Kastell und Königswiesenweg): Aus der Gruppe „Bildende Künstler“. Adolf Oberländer (1845–1923), gebürtiger Regensburger, Zeichner und Maler mit humoristischen Themen.

Obermaierstraße (Innerer Westen; ⓯ D 7/8; zwischen Hochweg und Clermont-Ferrand-Allee): Aus der Gruppe „Berühmte Regensburger 2“. Hugo Obermaier (1877–1946), gebürtig aus Regensburg. Anthropologe; weltweite Forschungen zur Frühgeschichte des Menschen.

Obermünsterplatz (Altstadt; ❶ F 8c)/**Obermünsterstraße** (Altstadt; ❶ F 8 c/d): Hier befand sich das adelige Damenstift Obermünster, gegründet vermutlich Anfang des 9. Jahrhunderts, säkularisiert und aufgelöst 1802/10. Danach wurden die Gebäude für verschiedene bischöfliche Einrichtungen genutzt. Der Komplex fiel fast vollständig Bombenangriffen im Zweiten Weltkrieg zum Opfer.

Oberndorferstraße (Kumpfmühl; ⓭ E 9/10; zwischen Simmernstraße und Erzbischof-Buchberger-Allee): Johann Oberndorfer (1549–1625), Arzt und Naturforscher, 1557–1587 und 1597–1625 in Regensburg. – Bezug: Oberndorfer war der erste, der in Regensburg einen botanischen Garten angelegt hat; die Straße führt an einem Areal mit Kleingärten vorbei.

Obertraublinger Straße (Burgweinting; ⓲ I/K 11/12/13): Benannt nach dem Zielort. Verlauf: von Burgweinting in Richtung Obertraubling.

Odenwaldstraße (Sallerner Berg; ❹ G 6): Aus der Gruppe „Mittelgebirge in Mitteleuropa“.

Ödenthal (Ödenthal; ❹ G/H 2/3): Hauptstraße des ehemals nicht zu Regensburg gehörigen und 1924 eingemeindeten Orts Ödenthal.

Ödenthalweg (Wutzlhofen; ❺ H 4): Benannt nach seiner Richtung. Er ist kein historischer Verbindungsweg, sondern eine Erschließungsstraße in einem Wohngebiet und verläuft nicht bis Ödenthal.

Österreicherweg (Steinweg; ❸ F 7; vom Schelmengraben nach O): Von hier aus beschossen während der Schlacht von Regensburg zwischen den Franzosen unter Napoleon und den Österreichern 1809 die österreichischen Truppen ihren Feind, der bei der Steinernen Brücke die Donau zu überqueren versuchte. Dabei wurde das in der Schußlinie liegende Stadtamhof fast vollständig in Schutt und Asche gelegt. (Vgl. auch „Maximilianstraße".)

Ohmstraße (Burgweinting; ⓲ K 11/12; von der Hartinger Straße nach S): Aus der Gruppe „Erfinder und Entdecker". Georg Simon Ohm (1789–1854), Physiker; Forschungen zur Elektrizität, Entdeckung des Ohmschen Gesetzes.

Orleansstraße (Ostenviertel; ❿ G 8; zwischen Adolf-Schmetzer-Straße und Bruderwöhrdstraße): Aus der Gruppe „Gründerzeit". Schauplatz einer Schlacht im deutsch-französischen Krieg 1870/71.

Ortenburgerstraße (Reinhausen; ❼ G 7; von der Donaustaufer Straße nach S): Aus der Gruppe „Bayerischer Wald 3: Hochwald". Grafengeschlecht, dessen Hauptsitz zwar südlich der Donau bei Passau lag, das aber auch im Bayerischen Wald von Bedeutung war.

Ortnergasse (Altstadt; ❶ F 8c): Ein Mehlhändler namens Johann Ortner besaß hier um die Wende vom 18. zum 19. Jahrhundert ein Anwesen (heute: Ortnergasse 7).

Ostendorferstraße (Kumpfmühl; ⓭ E 9; von der Bischof-Wittmann-Straße nach W): Aus der Gruppe „Bildende Künstler". Michael Ostendorfer (1490–1559), Zeichner und Maler der Renaissance. Ostendorfer lebte ab 1519 in Regensburg.

Ostengasse (Altstadt; ❶ F/G 8): Ursprünglich endete Regensburg im Osten auf Höhe der D.-Martin-Luther-Straße. Ab dem 11. Jahrhundert begann entlang der Ausfallstraße in Richtung Straubing, die am heutigen St.-Georgen-Platz ansetzte, ein neues Viertel zu entstehen; im 13. Jahrhundert wurde es in die Befestigungsanlagen integriert und „Ostnerwacht" genannt. Seine Erschließungsachse erhielt den Namen „Ostengasse"; an deren Endpunkt errichtete man das **Ostentor**.

Osterbergweg (Steinweg; ❸ F 7): Nach der Lage am Hang des Dreifaltigkeitsberges, der früher, vor dem Bau der Kirche zur Hl. Dreifaltigkeit, „Osterberg" (oder auch „Geiersberg") hieß. (Vgl. auch „Am Dreifaltigkeitsberg".)

Osterhofener Straße (Hohes Kreuz; ⓭ I 9): Aus der Gruppe „Donaustädte".

Osthafenstraße (Ostenviertel; ⓾ L 9): Nach der Lage am Osthafen.

Ostheim (Hohes Kreuz; ⓾ I 9): Erschließungsstraße der Siedlung Ostheim am Hohen Kreuz, die ursprünglich für Arbeiter in der Zuckerfabrik konzipiert wurde.

Ostpreußenstraße (Konradsiedlung; ❺ H 5; von der Chamer Straße nach S): Aus der Gruppe „Deutsche Nation". Ostdeutsche Region, nach dem Zweiten Weltkrieg verlorengegangen.

Otlohstraße (Oberisling; ⓱ G 12): Aus der Gruppe „St. Emmeram in Oberisling". Otloh (1032–1070), Mönch im Kloster St. Emmeram, Schriftsteller und Historiker.

Otterbachweg (Reinhausen; ❼ H 7; von der Höllbachstraße nach W): Aus der Gruppe „Flüsse in Bayern".

Otto-Hahn-Straße (Galgenberg; ⓬ F 10/11; von der Galgenbergstraße nach O): Otto Hahn (1879–1968), Physiker und Chemiker; Forschungen zur Kernspaltung. – Bezug: In der Nachbarschaft liegt die Universität.

Otto-Prager-Weg (Königswiesen-Süd; ⓭ D 10/11): Aus der Gruppe „Mittelalter in Regensburg". Otto Prager, Bürgermeister 1243, 1248, 1254/55.

Otto-Wels-Straße (Königswiesen-Süd; ⓭ D 10/11): Aus der Gruppe „Politiker des demokratischen Deutschland und Bayern". Otto Wels (1873–1939), Vorsitzender der SPD 1931–1933, Vorsitzender der SPD im Exil 1933–1939. Wels hielt im deutschen Reichstag 1933 eine Rede, mit der er für sich und seine Partei das sogenannte „Ermächtigungsgesetz" zugunsten Adolf Hitlers ablehnte – eine der letzten freien Meinungsäußerungen am Beginn der Zeit des Nationalsozialismus.

Ottrichstraße (Leoprechting; ⓱ E/F 12/13): In ihrer Verlängerung, südlich von Leoprechting, jenseits des heutigen Stadtgebiets von Regensburg, liegt die Einöde Posthof, die früher „Ottraching" hieß. Der Name verweist darauf, daß die Siedlung von einem gewissen Ottrich gegründet worden ist.

P

Pappelweg (geplant) (Keilberg; ❻ L 6): Aus der Gruppe „Wald und Flur".

Pariciusstraße (Innerer Westen; ⓯ D 8; zwischen Seiffertstraße und Obermaierstraße): Aus der Gruppe „Berühmte Regensburger 2". Georg Heinrich Paricius (1675–1725), gebürtig aus Regensburg. Notar, Schreib- und Rechenmeister; Verfasser zahlreicher Handbücher und Nachschlagewerke über Regensburg.

Passauer Straße (Ostenviertel; ❿ L/M 9; von der Osthafenstraße nach SO): Aus der Gruppe „Donaustädte".

Paul-Heyse-Straße (Ganghofersiedlung; ⓭ E 11): Aus der Gruppe „Schriftsteller 1". Paul Heyse (1830–1914), Schriftsteller in der Tradition der Klassik.

Paulsdorferweg (Königswiesen-Süd; ⓭ D 11): Aus der Gruppe „Mittelalter in Regensburg". Bürger- und Patrizierfamilie.

Pentlbergweg (Ödenthal; ❹ H 2/3): Nach der Lage am Hang des Pentlbergs, einer Erhebung nordöstlich von Ödenthal.

Pestalozzistraße (Kasernenviertel; ⓫ G 9; zwischen Sternbergstraße und Landshuter Straße): Johann Heinrich Pestalozzi (1746–1827), Pädagoge und Bildungsreformer. – Bezug: Gleich nebenan liegt die Straße, die auf den bedeutendsten Regensburger Schulreformer verweist (vgl. „Puchnerstraße").

Peter-Henlein-Straße (Ostenviertel; ❿ K 9; von der Siemensstraße nach W): Aus der Gruppe „Erfinder und Entdecker". Peter Henlein (1480–1542), Feinmechaniker, Erfinder der Taschenuhr.

Pettendorfer Straße (Oberwinzer/Kager; ⓰ A/B 6/7): Benannt nach dem Zielort. Verlauf: Abzweigung von der Nürnberger Straße in Richtung Pettendorf.

Pfälzer Straße (Steinweg; ❸ F 6; von der Lappersdorfer Straße nach W): Aus der Gruppe „Südwestdeutsche Länder".

Pfaffensteiner Weg (Stadtamhof; ❷ E/F 7): Benannt nach dem Zielort. Verlauf: von Stadtamhof in Richtung Pfaffenstein. Seit der Anlage des Europakanals nicht mehr bis zum Zielort durchgehend.

Pfarrergasse (Altstadt; ❶ F 8c/d): In einem der Anwesen (heute: Pfarrergasse 5) befindet sich eines der protestantischen Pfarrhäuser und -ämter. Es besteht, seitdem die Freie Reichsstadt Regensburg 1542 protestantisch wurde.

Pfauengasse (Altstadt; ❶ F 8d): Nach dem früher hier bestehenden Gasthof „Zum Goldenen Pfau". Der Standort ist heute im Neubau des Kaufhauses „Horten" aufgegangen.

Pfeilstraße (Kumpfmühl; ⓭ D/E 9/10; zwischen Hafnersteig und Königswiesenweg): „Sprechender" Straßenname. Die Straße verläuft geradlinig und wird von einer gequert, die bogenförmig ist. Im Stadtplan ergibt sich so ein Bild, das an Pfeil und Bogen erinnert. (Vgl. auch „Bogenstraße".)

Pflanzenmayerstraße (Innerer Westen; ⓯ D 8; von der Obermaierstraße nach O): Aus der Gruppe „Berühmte Regensburger 2". Anton Mayer (1867–1951), gebürtig aus Regensburg. Lehrer und Botaniker.

Pfluggasse (Altstadt; ❶ F 8d): Nach dem früher hier bestehenden Gasthof „Zum Pflug" (heute: Erhardigasse 13). Er diente in erster Linie als Quartier für Gäste aus Straubing; deshalb war an seiner Fassade das Wappen der Stadt Straubing mit dem Pflug zu sehen.

Placidusstraße (Kasernenviertel; ⓫ G 9; von der Furtmayrstraße nach N): Aus der Gruppe „Berühmte Regensburger 1". Joseph Heinrich (1758–1825), gebürtig aus Schierling/Oberpfalz, ab 1776 mit dem Namen Placidus Mönch im Kloster St. Emmeram. Naturwissenschaftler, Meteorologe, Astronom; Professor für Mathematik, Physik und Astronomie an der Universität Ingolstadt 1791–1798.

Plankstraße (Reinhausen; ❼ G 7; zwischen Reinhausen und Obere Regenstraße): Hermann Plank (1894–1971), Lehrer in Reinhausen, später Rektor der Sonderschule Regensburg-Nord.

Plato-Wild-Straße (Kasernenviertel; ⓫ H 9; zwischen Safferlingstraße und Runtingerstraße): Aus der Gruppe „Berühmte Regensburger 1". Georg Gottlieb Plato-Wild (1710–1777), gebürtig aus Regensburg. Syndikus, Stadtschreiber, Archivar und Bibliothekar der Freien Reichsstadt Regensburg; Verfasser zahlreicher Werke mit historischem Inhalt.

Plattenweg (Burgweinting; ⓲ I/K 12; im Zentrum des Neubaugebiets): Die ersten Straßen im Neubaugebiet Burgweinting wurden einfach „Langer" und „Kurzer Weg" genannt. In einer zweiten Etappe der Namengebung orientierte man sich an der landschaftlichen Umgebung bzw. verwendete – wie hier – Flurnamen.

Plattlinger Straße (Hohes Kreuz; ❿ I 9): Aus der Gruppe „Donaustädte".

Platz der Einheit (Innenstadt; ❶ E 8d): Der Platz unmittelbar stadtauswärts des **Jakobstors** hieß „Wittelsbacherplatz" im 19. Jahrhundert, passend zur benachbarten Wittelsbacherstraße; „Hans-Schemm-Platz" während der Zeit des Nationalsozialismus, nach einer lokalen Parteigröße; „Platz der Republik“ unmittelbar nach 1945; und schließlich, seit den Jahren der deutschen Teilung, „Platz der Einheit“. (Vgl. auch „Ernst-Reuter-Platz“.)

Plesser Straße (Konradsiedlung; ❺ H/I 6; zwischen Graudenzer Straße und Am Flachlberg): Aus der Gruppe „Deutsche Nation“. Stadt in Oberschlesien, von Deutschland im Friedensvertrag von Versailles an Polen abgetreten.

Poetengäßchen (Altstadt; ❶ F 8c): Hier befand sich von 1537 bis 1811 das Gymnasium Poeticum, die höhere Schule der protestantischen Reichsstadt Regensburg. Für die Katholiken gab es das Jesuiten-Gymnasium St. Paul (vgl. „Jesuitenplatz“). Nachdem Regensburg 1810 bayerisch geworden war, vereinigte der Staat die beiden Bildungseinrichtungen zu einem paritätischen Königlichen Gymnasium, aus dem 1880 das „Kgl. Alte Gymnasium“ (heute: Albertus-Magnus-Gymnasium) hervorging.

Pohligstraße (Kasernenviertel; ⓫ G 9; von der Furtmayrstraße nach N): Aus der Gruppe „Berühmte Regensburger 1“. Carl Theodor Pohlig (1841–1921), ab 1884 in Regensburg. Lehrer am Neuen Gymnasium (heute: Albrecht-Altdorfer-Gymnasium) 1884–1911; Architekturzeichner und Bauforscher. Pohlig beschrieb mit Akribie in Wort und Bild zahlreiche Örtlichkeiten und Gebäude, die heute verschwunden sind.

Pommernstraße (Konradsiedlung; ❺ H 5; zwischen Dolomitenstraße und Berliner Straße): Aus der Gruppe „Deutsche Nation“. Ost- bzw. mitteldeutsche Region, nach dem Zweiten Weltkrieg verlorengegangen (Hinterpommern) bzw. von der deutschen Teilung betroffen (gewesen) (Vorpommern).

Portnergasse (Altstadt; ❶ E 8b): Ursprünglich „Grünes Gäßchen“. Den Namen gab es jedoch noch an einer anderen Stelle (vgl. „Grünes Gäßchen“); deshalb 1906 umbenannt, ohne konkreten Bezug zu den örtlichen Gegebenheiten, nach einer Bürger- und Patrizierfamilie des Mittelalters.

Posener Straße (Konradsiedlung; ❺ I 5/6; zwischen Isarstraße und Wutzlhofen): Aus der Gruppe „Deutsche Nation“. Stadt in Posen, von Deutschland im Friedensvertrag von Versailles an Polen abgetreten.

Posthorngäßchen (Altstadt; ❶ F 8b): Nach dem früher hier bestehenden Gasthof „Zum Goldenen Posthorn“ (heute: Goldene-Bären-Straße 10).

Praschweg (Äußerer Westen; ⓯ D 8; vom Hochweg nach N): Aus der Gruppe „Berühmte Regensburger 2“. Johann Ludwig Prasch (1637–1690), gebürtig aus Regensburg. Syndikus, Ratsherr, Kämmerer, Vertreter der Freien Reichsstadt Regensburg auf dem Immerwährenden Reichstag; Schriftsteller und Dichter (Abhandlungen, Theaterstücke, Gedichte).

Prebrunnallee (Innerer Westen; ⓯ E 8): Nach der Lage an der Allee (vgl. „Fürst-Anselm-Allee"), und zwar an ihrem westlichen Abschnitt bei der Siedlung Prebrunn (vgl. „Prebrunnstraße").

Prebrunnstraße (Innerer Westen; ⓯ D/E 8): Benannt nach der Lage. Seit dem Mittelalter bestand unmittelbar westlich von Regensburg, direkt an der Donau, die kleine Siedlung Prebrunn. Der Name verweist auf die dort einst zahlreichen Weiher mit (im Sonnenlicht) glänzender Oberfläche („brehen" = glänzen).

Predigergasse (Altstadt; ❶ F 8c): Hier befand sich das Kloster der Dominikaner, die im Volksmund auch „Prediger" genannt wurden, mit seiner **Kirche St. Blasius**, gegründet 1222, säkularisiert und aufgelöst 1802/10. Anschließend war in dem Gebäude die höhere Bildungsanstalt von Regensburg, das Lyzeum Albertinum bzw. die Philosophisch-Theologische Hochschule, ansässig (vgl. „Jesuitenplatz"). Sie ist in den 1960er Jahren in der Universität aufgegangen.

Preiselbeerweg (Keilberg; ❻ L 5): Aus der Gruppe „Wald und Flur".

Preßburger Straße (Ostenviertel; ❿ I 8/9; von der Straubinger Straße nach N): Aus der Gruppe „Donaustädte".

Prinz-Ludwig-Straße (Ostenviertel; ❿ H 8; von der Straubinger Straße nach N): Prinz Ludwig von Bayern (1845–1921), der spätere König Ludwig III. (1913–1918), setzte sich intensiv für den Bau eines modernen Hafens in Regensburg (1906–1910) ein, der nach seinem Vater, Prinzregent Luitpold (vgl. „Luitpoldstraße"), benannt wurde.

Prinz-Rupprecht-Straße (Kasernenviertel; ⓫ G/H 10; von der Landshuter Straße nach SW): Aus der Gruppe „Militär und Militärs". Herzog Rupprecht von Bayern (1869–1955), Sohn König Ludwigs III., Kronprinz; Offizier und Generalfeldmarschall des bayerischen Heeres; Teilnehmer des Ersten Weltkriegs.

Prinzenweg (Altstadt; ❶ G 8): Die Familie Prinz betrieb im 17. und 18. Jahrhundert im Eckhaus Ostengasse/Prinzenweg (heute: Ostengasse 26), eine Brauerei mit angeschlossener Gaststätte. Ende des 18. Jahrhunderts kam südlich der Altstadt, in der neu angelegten Allee, eine Gartengaststätte hinzu, der sogenannte „Prinzengarten" (heute: Albertstraße 1).

Proskestraße (Unterer Wöhrd; ❶ F 8b): Karl Proske (1794–1861), ursprünglich Arzt. 1823 Kontaktaufnahme zu Johann Michael von Sailer und dem „Sailerkreis" (vgl. „Sailerstraße"), 1826 Priesterweihe, seither Arbeit als Kirchenmusiker in Regensburg. Proske betrieb ausgedehnte Forschungen zur Kirchenmusik der Vergangenheit und entwickelte davon ausgehend Ideen, wie die Kirchenmusik seiner eigenen Zeit grundlegend zu reformieren sei.

Prüfeninger Schloßstraße (Dechbetten/Großprüfening; ⓮ B/C 9): Benannt nach der Lage. Das **Schloß Prüfening** war ursprünglich ein Kloster, und zwar das Benediktinerkloster St. Georg, gegründet 1109. Nach der Säkularisation 1803 wechselte das Anwesen mehrfach den Besitzer; 1899 erwarb es die Familie der Fürsten von Thurn und Taxis (vgl. „Fürst-Albert-Allee").

Prüfeninger Schulgasse (Großprüfening; ⓮ A 9): Nach der Lage an der ehemaligen Schule von Großprüfening.

Prüfeninger Straße (Innerer/Äußerer Westen; ⓯ C/D/E 8/9): Benannt nach dem Zielort. Verlauf: von der Regensburger Altstadt in Richtung Großprüfening. Seit dem Bau der Eisenbahntrasse nicht mehr bis zum Zielort durchgehend.

Puchnerstraße (Kasernenviertel; ⓫ G 9; zwischen Pestalozzistraße und Gumppenbergstraße): Aus der Gruppe „Berühmte Regensburger 1". Joseph Benedikt Puchner (1773–1824), Lehrer, ab 1799 Leiter einer der katholischen Schulen von Regensburg. Initiator grundlegender Reformen im Schulwesen; Mitglied der Schulkommission des Fürstentums Regensburg unter Karl Theodor von Dalberg (vgl. „Dalbergstraße") 1803–1810.

Pürkelgutweg (Ostenviertel; ❿ H 9): Benannt nach dem Zielort. Verlauf: Abzweigung von der Straubinger Straße in Richtung Pürkelgut (vgl. „Einhauser Straße"). Von dem Weg ist nur noch ein kurzes (Anfangs-)Stück erhalten; der größere Teil ist modern überbaut.

Puricellistraße (Äußerer Westen; ⓯ C/D 8; zwischen Boessnerstraße und Messerschmittstraße): Aus der Gruppe „Berühmte Regensburger 2". Die Familie Kirsch-Puricelli gehört zu den größten privaten Grundbesitzern in und um Regensburg.

R

Rabenkellerweg (Pfaffenstein; ❸ E 7; von der Alten Nürnberger Straße nach N): Benannt nach der Lage. Hier bestand früher der Bierkeller mit Gastwirtschaft „Zum Raben“ (heute: Rabenkellerweg 6). Der Standort ergab sich aus der Hanglage an den Winzerer Höhen, die ideal für den Bau von Kellern war. (Vgl. auch „Spitalkellerweg“.)

Rachelstraße (Reinhausen; ❼ G 6; zwischen Brennesstraße und Sonnenstraße): Aus der Gruppe „Bayerischer Wald 3: Hochwald“. Berg im Bayerischen Wald.

Raiffeisenstraße (Steinweg; ❸ F 6; von der Lappersdorfer Straße nach W): Friedrich Wilhelm Raiffeisen (1818–1888), Gründer der ersten landwirtschaftlichen Genossenschaften, aus deren Kassen und Kreditanstalten sich die Raiffeisen-Banken entwickelten.

Ramwoldstraße (Oberisling; ⓱ G 12): Aus der Gruppe „St. Emmeram in Oberisling“. Ramwold, Abt des Klosters St. Emmeram 975–1000.

Raseliusweg (Rennplatz; ⓯ B/C 8): Aus der Gruppe „Berühmte Regensburger 2“. Andreas Raselius (1562/64–1602), gebürtig aus Hahnbach bei Amberg/Oberpfalz, 1584–1600 in Regensburg. Kantor der protestantischen Kirche, Lehrer am protestantischen Gymnasium Poeticum 1584–1600; Komponist. Nach seinem Weggang aus Regensburg Kapellmeister des Kurfürsten von der Pfalz.

Rathausplatz (Altstadt; ❶ F 8a): Im Jahr 1245 wurde Regensburg per Privileg zur Freien Reichsstadt erhoben (vgl. „Kaiser-Friedrich-Allee“) und durfte sich fortan selbst regieren. Für die neu entstehende Verwaltung baute man in der Folge das **Rathaus**; es lag – anders als der bisherige Herrschaftsmittelpunkt (vgl. „Alter Kornmarkt“) – im Viertel der Bürger- und Patrizierfamilien, die jetzt den Ton angaben (vgl. „Haidplatz“).

Rathenaustraße (Harting; ⓲ L 11/12; zwischen Leibnizstraße und Burgweintinger Straße): Emil Rathenau (1838–1915), Mitgründer der AEG. Walther Rathenau (1869–1922), sein Sohn, Präsident der AEG. – Bezug: Hier befindet sich die AEG-Niederlassung Regensburg.

Raubbergweg (geplant) (Keilberg; ❻ L 6): Flurname. „Raubberg“ heißt die Anhöhe im Norden der Hochfläche von Keilberg.

Rauberstraße (Oberisling; ⓱ F/G 12): Flurname. Verweis auf frühere landwirtschaftliche Nutzung („Raub“ = „Ernte“, „Ertrag“).

Regerstraße (Galgenberg; ⓬ F/G 10; zwischen Schubertstraße und Carl-Thiel-Straße): Aus der Gruppe „Komponisten und Musiker“. Max Reger (1873–1916), gebürtig aus Brand bei Kemnath/Oberpfalz, Komponist der Moderne.

Rehauer Straße (Haslbach; ❹ H 3): Aus der Gruppe „Traditionelle Industriestädte in Nordostbayern". Standort der Porzellan- und der Kunststoffindustrie.

Rehgäßchen (Altstadt; ❶ F 8a): Ein gewisser Bernhard Reh besaß hier um die Wende vom 18. zum 19. Jahrhundert ein Anwesen (heute: Rehgäßchen 6).

Reibergassl (Burgweinting; ⓲ K 11/12; im Dorf): „Sprechender" Straßenname. Die Gasse verläuft nicht geradlinig, sondern krumm; sie macht – auf bayerisch – eine „Reibn".

Reichenberger Straße (Konradsiedlung; ❺ H 5/6; zwischen Im Reichen Winkel und Aussiger Straße): Aus der Gruppe „Deutsche Nation". Stadt im Sudetenland (Staat: Tschechien) außerhalb Deutschlands mit (ehemals) deutscher Bevölkerung und deutscher Vergangenheit.

Reichsstiftstraße (Schwabelweis; ❾ K 7/8): Aus der Gruppe „St. Emmeram in Schwabelweis".

Reichsstraße (Ostenviertel; ❿ G/H 8; zwischen Gabelsbergerstraße und Weißenburgstraße): Aus der Gruppe „Gründerzeit".

Reinhausen (Reinhausen; ❼ G 6/7): Hauptstraße des ehemals nicht zu Regensburg gehörigen Orts Reinhausen. Reinhausen, 1007 zum ersten Mal erwähnt, wurde 1924 nach Regensburg eingemeindet. Der Name (in alten Quellen „Reginhusen") bezeichnet eine Ansiedlung am Fluß Regen.

Reinhausener Damm (Weichs; ❽ G 7/8): Benannt nach der Lage und der Funktion. Lage: Am Regenufer südlich von Reinhausen. Funktion: Hochwasserschutz.

Reiterstraße (Kasernenviertel; ⓫ H 10; zwischen Kavalleriestraße und Erbprinz-Franz-Joseph-Straße): Aus der Gruppe „Militär und Militärs". Hier befand sich die Kavalleriekaserne des 2. Bayerischen Chevauxlegersregiments „Taxis". Von den Gebäuden ist nichts mehr erhalten.

Reithmayrstraße (Kumpfmühl; ⓭ D/E 9; vom Königswiesenweg nach NW): Joseph Reithmayr (gest. 1877), Drucker, ab 1834 Verleger des (bis 1908 bestehenden) „Regensburger Tagblatts" mit liberaler Ausrichtung. – Bezug: In der Nachbarschaft befindet sich eine Straße, die nach einem anderen bedeutenden Regensburger Verleger benannt ist (vgl. „Habbelstraße").

Rennerstraße (Galgenberg; ⓬ G 10; zwischen Lisztstraße und Brahmsstraße): Aus der Gruppe „Komponisten und Musiker". Joseph Renner (1832–1895), Kirchenmusiker, Musikforscher, Lehrer bei der Familie der Fürsten von Thurn und Taxis und an der Kirchenmusikschule in Regensburg.

Rennweg (Prüfening; B/C 9): Aus der Gruppe „Thurn und Taxis 3: Rennplatz".

Residenzstraße (Altstadt; ❶ F 8d): Hier befand sich in den Jahren des Fürstentums Regensburg (1802–1810) die **Residenz** (heute: Domplatz 6) Karl Theodor von Dalbergs (vgl. „Dalbergstraße").

Rettenbacher Straße (Wutzlhofen; ❺ H 5): Aus der Gruppe „Bayerischer Wald 2: Vorwald".

Rhönstraße (Sallerner Berg; ❹ G 6): Aus der Gruppe „Mittelgebirge in Mitteleuropa".

Richard-Wagner-Straße (Ostenviertel; ❿ G 8/9; zwischen Gabelsbergerstraße und Weißenburgstraße): Ursprünglich „Ostendorferstraße", nach dem Regensburger Maler (vgl. „Ostendorferstraße"). In der Zeit des Nationalsozialismus umbenannt in „Horst-Wessel-Straße". Bezug: In der Straße befand sich das nationalsozialistische „Volkshaus" (vor 1933 und nach 1945 der „Paradiesgarten", Versammlungs- und Veranstaltungsort von SPD und Gewerkschaften). Weil beim Aufbau der „Göring-Heim-Siedlung" dort eine „Horst-Wessel-Straße" angelegt wurde (vgl. Gruppe „Schriftsteller 1"), nochmals umbenannt, jetzt nach dem Komponisten Richard Wagner (1813–1883).

Riegergasse (Schwabelweis; ❾ K 7): Joseph Rieger (1833–1915), Bürger von Schwabelweis mit besonderem sozialen Engagement.

Riesengebirgstraße (Sallerner Berg; ❹ ❺ G 5/6): Aus der Gruppe „Mittelgebirge in Mitteleuropa".

Rilkestraße (Innerer Westen; ⓯ D 8; von der Prüfeninger Straße nach N): Aus der Gruppe „Schriftsteller 2". Rainer Maria Rilke (1875–1926), Schriftsteller und Lyriker der Moderne.

Rodinger Straße (Gallingkofen; ❹ G 5): Aus der Gruppe „Bayerischer Wald 1: Regental".

Röhrlbergweg (Reinhausen; ❼ G 6; von der Bergstraße nach N): Flurname. Verweis auf die örtlichen Gegebenheiten am Hang des Sallerner Bergs und auf einen ehemaligen Grundbesitzer.

Röhrlgässel (Altstadt; ❶ G 8): Die Stadtbauern-Familie Röhrl (vgl. „Krauterermarkt") besaß hier vom 16. bis zum 19. Jahrhundert ein Anwesen.

Rösselsteig (Kasernenviertel; ⓫ H 10; zwischen Schimmelweg und Damaschkeweg): Aus der Gruppe „Militär und Militärs". In der Nähe befand sich die Kavalleriekaserne des 2. Bayerischen Chevauxlegersregiments „Taxis". Von den Gebäuden ist nichts mehr erhalten.

Roritzerstraße (Innenstadt; ❶ G 9; zwischen Landshuter Straße und Hemauerstraße): Aus der Gruppe „Berühmte Regensburger 1". Aus der Familie Roritzer stammten einige der bedeutendsten Regensburger Dombaumeister des Mittelalters: Wenzel Roritzer (gest. 1419), Dombaumeister 1411–1419; dessen Sohn Konrad Roritzer (gest. 1477), Dombaumeister 1456–1476; dessen Sohn Matthäus Roritzer (gest. 1495), Dombaumeister 1476–1495; dessen Bruder Wolfgang Roritzer (gest. 1514), Dombaumeister 1495–1514.

Roseggerstraße (Ganghofersiedlung; ⓭ D/E 10/11): Aus der Gruppe „Schriftsteller 1". Peter Rosegger (1843–1918), österreichischer Volks- und Heimatdichter.

Rosenweg (Kasernenviertel; ⓫ H 10; zwischen Damaschkeweg und Reiterstraße): Aus der Gruppe „Blumen".

Rosinusweg (Rennplatz; ⓯ B 9): Aus der Gruppe „Berühmte Regensburger 2". Bartholomäus Rosinus (1520–1586), gebürtig aus Eisenach/Thüringen, 1574–1586 in Regensburg. Theologe; Superintendent (d. h. oberster protestantischer Geistlicher).

Roßbachstraße (Wutzlhofen; ❹ H 4): Aus der Gruppe „Bayerischer Wald 2: Vorwald".

Rotdornweg (Keilberg; ❻ L 5): Aus der Gruppe „Wald und Flur".

Rote-Hahnen-Gasse (Altstadt; ❶ F 8a/c): Nach dem traditionell hier bestehenden Gasthof „Zum Roten Hahn" (heute: Rote-Hahnen-Gasse 10).

Rote-Löwen-Straße (Altstadt; ❶ E 8b): Nach dem traditionell hier bestehenden Gasthof „Zum Roten Löwen" (heute: Rote-Löwen-Straße 10).

Rote-Stern-Gasse (Altstadt; ❶ F 8c): Nach dem früher hier bestehenden Gasthof „Zum Roten Stern" (heute: Rote-Stern-Gasse 1).

Roter Herzfleck (Altstadt; ❶ F 8a): Nach dem früher hier bestehenden Gasthof „Zum Roten Herzen" (heute: Roter Herzfleck 2), der zeitweise auch eine Art Bordell war. Die Bezeichnung „Fleck" weist darauf hin, daß der Straßenzug nur sehr kurz ist.

Roter-Brach-Weg (Prüfening; ⓯ B/C 8/9): Flurname. Verweis auf die Farbe des Bodens beim Umpflügen.

Roter-Lilien-Winkel (Altstadt; ❶ F 8c): Nach dem früher hier bestehenden Gasthof „Zur Roten Lilie" (heute: Roter-Lilien-Winkel 2).

Rothmahlweg (Harting; ⓲ M 12): Aus der Gruppe „Dorf Harting". Zur Erläuterung: „Mal" = „Grenzzeichen".

Rotteneckstraße (Galgenberg; ⓬ F 9; von der Universitätsstraße nach O): Aus der Gruppe „Katholisches Regensburg". Heinrich Graf von Rotteneck, Bischof von Regensburg 1277–1296.

Ruckäckerweg (Harting; M 12): Aus der Gruppe „Dorf Harting“. Zur Erläuterung: „Rucke“ = „Saatkrähe“.

Rüdigerstraße (Graß; ⓱ D/E 12): Ein gewisser Rüdiger von Graß wird um 1200 als Zeuge in Urkunden des Klosters St. Emmeram erwähnt. Das adelige Geschlecht derer von Graß übte im 12. und 13. Jahrhundert die Grundherrschaft in Graß aus. Ihnen folgte die Bürger- und Patrizierfamilie Löbl aus Regensburg (vgl. „Löblstraße“).

Rühlgässel (Altstadt; ❶ E 8b): Eine Familie Rühl besaß hier im 18. Jahrhundert ein Anwesen.

Runtingerstraße (Kasernenviertel; ⓫ H 9; zwischen Plato-Wild-Straße und Walderdorffstraße): Aus der Gruppe „Berühmte Regensburger 1“. Bürger- und Patrizierfamilie des Mittelalters, mit wichtiger Rolle im Fernhandel. Ihr Wohnhaus befand sich an der Donau (heute: Keplerstraße 1).

S

Saarstraße (Steinweg; ❸ F 6; zwischen Pfälzer Straße und Lothringer Straße): Aus der Gruppe „Südwestdeutsche Länder".

Saazer Straße (Konradsiedlung; ❺ H 6; zwischen Teplitzer Straße und Reichenberger Straße): Aus der Gruppe „Deutsche Nation". Stadt im Sudetenland (Staat: Tschechien) außerhalb Deutschlands mit (ehemals) deutscher Bevölkerung und deutscher Vergangenheit.

Sachsengäßchen (Altstadt; ❶ F 8c): Eine Familie Sachs besaß hier im 17. und 18. Jahrhundert ein Anwesen.

Sachsenstraße (Kasernenviertel; ⓫ H 10; zwischen Hinterer Mühlweg und Friesenstraße): Aus der Gruppe „Germanisch-deutsche Volksstämme".

Safferlingstraße (Kasernenviertel; ⓫ G/H 9; von der Landshuter Straße nach NO): Aus der Gruppe „Militär und Militärs". Benignus von Safferling (1825–1899), Angehöriger des 11. Bayerischen Infanterieregiments „Von der Tann" 1841–1864, bayerischer Kriegsminister 1890–1893, Ehrenbürger der Stadt Regensburg 1890.

Sailerstraße (Galgenberg; ⓬ F 9; von der Universitätsstraße nach O): Aus der Gruppe „Katholisches Regensburg". Johann Michael von Sailer (1751–1832), Weihbischof, Generalvikar und Koadjutor in Regensburg 1822–1829, Bischof 1829–1832. Sailer war einer der wichtigsten Vertreter der katholischen Erneuerungsbewegung um die Wende vom 18. zum 19. Jahrhundert; um sich herum versammelte er eine Gruppe von Freunden und Schülern, den sogenannten „Sailerkreis". (Vgl. auch „Diepenbrockstraße", „Von-Schenk-Straße".)

Sallerergasse (Sallern; ❹ F 5): Der ehemals nicht zu Regensburg gehörige Ort Sallern, im 11. Jahrhundert zum ersten Mal erwähnt, wurde 1924 nach Regensburg eingemeindet. Der Name ist uralt und kommt aus dem Illyrischen; er bedeutet „Leute am Fluß". – Sallern bildete mit dem benachbarten Gallingkofen eine Hofmark (vgl. „Gallingkofen"); sie war im Lauf der Zeit im Besitz verschiedener adeliger Geschlechter (vgl. „Sattelbogenerstraße", „Albergerstraße", „Hauzensteiner Straße"). Als erstes taucht vom 11. bis zum 15. Jahrhundert das der Sallerer auf. Der Familienname ist vom Ortsnamen abgeleitet.

Salzburger Gasse (Altstadt; ❶ F 8d): In einem der Anwesen (1895 abgebrochen, heute: Dompost) befand sich der Salzburger Hof, der Wohnsitz, den der Bischof von Salzburg im frühen Mittelalter bei Besuchen in der Haupt- und Residenzstadt Regensburg (vgl. „Alter Kornmarkt") nutzte. (Vgl. auch „Am Brixener Hof".)

Salzgasse (Stadtamhof; ❷ F 7): Hier befindet sich alte **Salzstadel**, erbaut 1597, die Lagerhalle für das auf der Donau transportierte Salz. Die Tatsache, daß es unmittelbar gegenüber, am Südufer der Donau, noch einen zweiten **Salzstadel** gibt, verweist auf die scharfe Konkurrenz früherer Zeiten zwischen der Freien Reichsstadt Regensburg und der bayerischen Stadt Stadtamhof. (Vgl. auch „Auf der Grede", „Am Beschlächt", „Wehrlochweg".)

Sanddornweg (geplant) (Keilberg; ❻ L 5): Aus der Gruppe „Wald und Flur".

Sandgasse (Konradsiedlung; ❺ H/I 4/5/6; zwischen Brandlberger Straße und Frauenzellstraße): Nach der Lage am Fuß des westlich anschließenden Sandbergs. – Ab 1937 entstand hier der vierte Bauabschnitt der Konradsiedlung. (Vgl. auch „Harthofer Weg", „Am Flachlberg", „Im Reichen Winkel".)

Sattelbogenerstraße (Sallern/Gallingkofen; ❹ F 5/6): Das adelige Geschlecht der Sattelbogener herrschte im 15. Jahrhundert in Sallern und Gallingkofen (vgl. „Sallerergasse", „Gallingkofen").

Schäffnerstraße (Altstadt; ❶ F 8d): Früher lebten die Menschen vielfach nach Berufsgruppen zusammen. In dieser Straße (und in ihrer nördlichen Fortsetzung, die später in „Am Brixener Hof" umbenannt wurde) waren Handwerker ansässig, die Schäfte, also Speere, Spieße, Pfeile und dergleichen, produzierten.

Scharnhorststraße (Äußerer Westen; ⓯ C 9; von der Prüfeninger Straße nach SO): Aus der Gruppe „Befreiungskriege". Gerhard Johann David von Scharnhorst (1755–1813), preußischer General und Heeresreformer.

Schattenhofergasse (Altstadt; ❶ G 8): Eine Familie Schad besaß hier im Mittelalter ein Anwesen bzw. einen Hof.

Schelchshornstraße (Reinhausen; ❼ G 7; von der Donaustaufer Straße nach S): Die Schelchshorn waren eine renommierte Glockengießer-Familie im Regensburg des 16. bis 18. Jahrhunderts.

Schelmengraben (Steinweg/Pfaffenstein; ❸ F 6/7; von der Alten Nürnberger Straße nach N): Flurname. Hier ging früher ein „Schelm", also ein Schinder oder Abdecker, der verendete Tiere abhäutete, seinem Gewerbe nach. Schinder lebten und arbeiteten grundsätzlich am Rand bestehender Siedlungen; ihr Beruf galt als unehrenhaft. (Vgl. auch „Am Schindergraben".)

Schenkendorfstraße (Innerer Westen; ⓯ E 8; vom Hochweg nach N): Aus der Gruppe „Schriftsteller 2". Max von Schenkendorf (1783–1817), Schriftsteller der Romantik.

Scheuchenbergstraße (geplant) (Schwabelweis; ❾ K/L 7): Der Scheuchenberg bei Sulzbach ist die nächste größere Erhebung donauabwärts von Schwabelweis.

Scheugäßchen (Altstadt; ❶ F 8a): Ein Metzgermeister namens Scheu besaß hier um die Wende vom 18. zum 19. Jahrhundert ein Anwesen (heute abgebrochen; zuvor: Scheugäßchen 2).

Schiedenstraße (Schwabelweis; ❾ K/L 8): Flurname. Ehemaliger Weinberg.

Schikanederstraße (Galgenberg; ⓬ F 9; von der Galgenbergstraße nach W): Aus der Gruppe „Komponisten und Musiker". Emanuel Schikaneder (1751–1812), Bühnenautor und Theaterdirektor, für kurze Zeit auch in Regensburg.

Schillerstraße (Innerer Westen; ⓯ D/E 8; von der Goethestraße nach N): Aus der Gruppe „Schriftsteller 2". Friedrich Schiller (1759–1805), Schriftsteller der Klassik.

Schimmelweg (Kasernenviertel; ⓫ H 10; zwischen Prinz-Rupprecht-Straße und Erbprinz-Franz-Joseph-Straße): Aus der Gruppe „Militär und Militärs". In der Nähe befand sich die Kavalleriekaserne des 2. Bayerischen Chevauxlegersregiments „Taxis". Von den Gebäuden ist nichts mehr erhalten.

Schindlfeldweg (geplant) (Keilberg; ❻ L 6): Flurname. Verweis auf frühere landwirtschaftliche Nutzung und auf einen ehemaligen Grundbesitzer.

Schlehenweg (Keilberg; ❻ K 5/6): Aus der Gruppe „Wald und Flur".

Schlemmhüttenweg (Keilberg; ❻ L 6): Benannt nach der Lage. Hier wurde im 19. Jahrhundert vorübergehend Kaolin abgebaut (und Eisenerz; vgl. „Eisenerzweg"). Das Kaolin mußte nach der Förderung aus dem Stein gewaschen, „geschlemmt" werden.

Schlesierstraße (Konradsiedlung; ❺ H 5; von der Pommernstraße nach W): Aus der Gruppe „Deutsche Nation". Ostdeutsche Region, nach dem Zweiten Weltkrieg verlorengegangen.

Schlettstädter Straße (Konradsiedlung; ❺ I 6; zwischen Memeler Straße und Straßburger Straße): Aus der Gruppe „Deutsche Nation". Stadt im Elsaß, von Deutschland im Friedensvertrag von Versailles an Frankreich abgetreten.

Schmellerstraße (Ziegetsdorf; ⓭ D 11; zwischen Roseggerstraße und Weiherweg): Aus der Gruppe „Schriftsteller 1". Johann Andreas Schmeller (1785–1852), Sprachwissenschaftler, Erforscher der bayerischen Mundart, Verfasser des „Bayerischen Wörterbuchs".

Schmerbühl (Altstadt; ❶ F 8a): Direkt neben dem Fischmarkt (vgl. „Fischmarkt“) war früher der Ort, wo Fleisch verkauft wurde; hier stand auch das städtische Fleischhaus (heute: „Ottobad“, Fischmarkt 1). Der Schmerbühl ist die schmale, leicht ansteigende Gasse, die den Fleischmarkt an die innerstädtische Platzfolge und die dortigen Märkte anband (vgl. ähnlich „Fischgässel“ für den Fischmarkt, „Weingasse“ für den Weinmarkt). Hier wurde ein Nebenprodukt der Fleischverarbeitung feilgeboten, nämlich Fett und Schmiere.

Schmidäckerweg (geplant) (Oberisling; ⓱ F/G 12). Flurname. Verweis auf frühere landwirtschaftliche Nutzung und auf einen ehemaligen Grundbesitzer.

Schöneberger Straße (Kasernenviertel; ⓫ H 11; von der Benzstraße nach SO): Aus der Gruppe „Berlin“.

Schönwerthstraße (Rennplatz; ⓯ B 9): Franz Xaver von Schönwerth (1810–1886), Jurist, Historiker, Volkskundler. Schönwerth hatte hohe Positionen in der bayerischen Verwaltung inne; gleichzeitig war er auch wissenschaftlich tätig und gilt als der Begründer der Oberpfälzer Volkskunde.

Schopperplatz (Oberer Wöhrd; ❶ E 7/8): Hier befand sich früher ein Schiffsbauplatz, wo Schiffe und Boote abgedichtet wurden („schoppen“ = „abdichten“).

Schottenstraße (Altstadt; ❶ E 8d): Hier befindet sich das ehemalige Schottenkloster St. Jakob (vgl. „Jakobstraße“).

Schubertstraße (Galgenberg; ⓬ F/G 10; zwischen Haydnstraße und Carl-Maria-von-Weber-Straße): Aus der Gruppe „Komponisten und Musiker“. Franz Schubert (1797–1828), Komponist der Romantik.

Schuegrafstraße (Kumpfmühl; ⓭ F 9; von der Universitätsstraße nach W): Joseph Rudolf Schuegraf (1790–1861), gebürtig aus Cham/Oberpfalz, ab 1827 in Regensburg. Lokalhistoriker. Mit insgesamt 190 veröffentlichten Schriften und Abhandlungen war er überaus produktiv; sein Hauptwerk ist die „Geschichte des Domes von Regensburg“ (1848/49).

Schützenheimweg (Prüfening; ⓯ B 8/9): Nach der Lage beim Schützenheim des „Kreisschützenverbandes Oberpfalz und Donaugau“ (heute: Schützenheimweg 18).

Schwabelweiser Donauufer (Schwabelweis; ❾ K/L 7/8): Nach der Lage am Donauufer in Schwabelweis.

Schwabelweiser Friedhofstraße (Schwabelweis; ❾ L 7/8): Nach der Lage beim Friedhof von Schwabelweis.

Schwabelweiser Kirchstraße (Schwabelweis; ❾ K 7/8): Nach der Lage bei der Pfarrkirche St. Georg in Schwabelweis.

Schwabelweiser Weg (Weichs/Schwabelweis; ❽ ❾ H/I/K 7): Benannt nach dem Zielort. Verlauf: von Weichs nach Schwabelweis. – Der ehemals nicht zu Regensburg gehörige Ort Schwabelweis, 821 zum ersten Mal erwähnt, wurde 1924 nach Regensburg eingemeindet. Der Name verweist darauf, daß das Dorf („Wihs“ = „Dorf“; vgl. „Weichser Weg“) von einem gewissen Swabilo gegründet wurde.

Schwabenstraße (Kasernenviertel; ⓫ H 10/11; zwischen Burgunderstraße und Bajuwarenstraße): Aus der Gruppe „Germanisch-deutsche Volksstämme“.

Schwalbenneststraße (Dechbetten; ⓮ B/C 9/10): Benannt nach dem Zielort. Verlauf: von Dechbetten in Richtung Schwalbennest, einer Ausflugsgaststätte am Donauufer.

Schwandorfer Straße (Steinweg; ❸ F 7): Benannt nach dem Zielort. Eine der traditionellen mittelalterlichen Ausfallstraßen; Beginn (nach Überquerung der Donau) der historischen Fernverbindung nach Schwandorf (und Amberg; vgl. „Amberger Straße“).

Schwanenplatz (Altstadt; ❶ F 8d): Nach dem früher hier bestehenden Gasthof „Zum Silbernen Schwan“ (heute abgebrochen; zuvor: Kalmünzergasse 6).

Schwarzdornweg (geplant) (Keilberg; ❻ L 5): Aus der Gruppe „Wald und Flur“.

Schwarze-Bären-Straße (Altstadt; ❶ F 8d): Nach dem früher hier bestehenden Gasthof „Zum Schwarzen Bären“ (heute: Salzburger Gasse 2).

Schwarzholzweg (geplant) (Keilberg; ❻ L 6): Flurname. Die Bezeichnung „Schwarzholz“ haftet an einem westlich gelegenen Waldstück.

Schweinfurter Straße (Pfaffenstein; ❸ E 7; von der Frankenstraße nach N): Aus der Gruppe „Städte in Franken“.

Schwindweg (Kumpfmühl; ⓭ E 10; zwischen Simmernstraße und Eigenheimweg): Aus der Gruppe „Bildende Künstler“. Moritz von Schwind (1804–1871), Maler der Spätromantik.

Sedanstraße (Ostenviertel; ❿ G 8/9; zwischen Adolf-Schmetzer-Straße und Stobäusplatz): Aus der Gruppe „Gründerzeit“. Schauplatz einer Schlacht im deutsch-französischen Krieg 1870/71.

Seifensiedergasse (Stadtamhof; ❷ F 7): In einem der Anwesen (heute: Seifensiedergasse 6) waren im 19. Jahrhundert über mehrere Jahrzehnte hinweg Seifensieder tätig.

Seiffertstraße (Innerer Westen; ⓯ D 8; vom Hochweg nach N): Aus der Gruppe „Berühmte Regensburger 2“. Johann Seiffert (1655–1733), Jurist, Genealoge, Herausgeber der „Stammtafeln Gelehrter Leute“ (1717–1728).

Serpiliusweg (Rennplatz; ⓯ B/C 8/9): Aus der Gruppe „Berühmte Regensburger 2“. Georg Serpilius (1668–1723), gebürtig aus Ödenburg/Sopron (Ungarn), ab 1673 in Regensburg. Theologe, Superintendent (d. h. oberster protestantischer Geistlicher) 1719–1723.

Seybothstraße (Galgenberg ⓬ F 10; von der Universitätsstraße nach O): Herrmann Seyboth (1900–1974), Schriftsteller aus Regensburg.

Siebenbürgener Straße (Konradsiedlung; ❺ G/H 6; zwischen Riesengebirgstraße und Im Reichen Winkel): Aus der Gruppe „Deutsche Nation“. Region in Rumänien mit (ehemals) deutscher Bevölkerung.

Siebenkeesstraße (Prüfening; ⓯ B 8/9): Aus der Gruppe „Berühmte Regensburger 2“. Konrad Siebenkees (1877-1945), Turnprofessor und Förderer des Regensburger Sports.

Siegensteinstraße (Wutzlhofen; ❺ H 4): Aus der Gruppe „Bayerischer Wald 2: Vorwald“.

Siegfriedstraße (Kumpfmühl; ⓭ E 10; von der Augsburger Straße nach O): Aus der Gruppe „Nibelungen“.

Siemensstraße (Ostenviertel; ❿ J/K 9/10; von der Straubinger Straße nach SW): Aus der Gruppe „Erfinder und Entdecker“. Werner von Siemens (1816–1892), Ingenieur; Forschungen zur Elektrotechnik.

Sigenhofferstraße (Schwabelweis; ❾ L 7): Flurname. Ehemaliger Weinberg im Besitz der Regensburger Familie Sittauer (vgl. „Sittauerstraße“).

Silbernagelgasse (Altstadt; ❶ G 8): Die Stadtbauern-Familie Silbernagel (vgl. „Krauterermarkt“) besaß hier im 18. Jahrhundert ein Gartengrundstück.

Silberne-Fisch-Gasse (Altstadt; ❶ F 8c): Nach dem früher hier bestehenden Gasthof „Zum Silbernen Fisch“ (heute: Silberne-Fisch-Gasse 15).

Silberne-Kranz-Gasse (Altstadt; ❶ F 8a): Nach dem früher hier bestehenden Gasthof „Zum Silbernen Kranz“ (heute: Silberne-Kranz-Gasse 8).

Silberweiherweg (geplant) (Keilberg; ❻ L 6): Der Silberweiher befindet sich einige Kilometer östlich von Keilberg auf der Hohen Linie (vgl. „Zur Hohen Linie“).

Simadergasse (Altstadt; ❶ F 8d): Ein ursprünglich aus der Gegend von Ansbach stammender Wollstreicher namens Simader besaß hier im 18. Jahrhundert ein Anwesen.

Simmernstraße (Kumpfmühl; ⓭ E 9/10; zwischen Kumpfmühler Straße und Bischof-Wittmann-Straße): Aus der Gruppe „Katholisches Regensburg“. Gottfried Langwerth von Simmern (1669–1741), Bistumsadministrator 1716–1730, Weihbischof 1717–1741. Simmern war während der

Amtszeit der Bischöfe Clemens August (1716–1719) und Johann Theodor (1719–1763) aufgrund deren ständiger Abwesenheit der eigentliche Leiter des Bistums.

Simon-Sorg-Straße (Königswiesen; ⓮ C 9; von der Kirchmeierstraße nach N): Aus der Gruppe „Bildende Künstler". Simon Sorg (1708–1792), Bildhauer des Rokoko, Hofbildhauer der Familie der Fürsten von Thurn und Taxis in Regensburg.

Sinzinger Weg (Großprüfening; ⓮ A/B 9/10): Benannt nach dem Zielort. Verlauf: von Großprüfening in Richtung Sinzing. Die Donau wird dabei seit alters mit einer Fähre überquert (vgl. „Fährenweg").

Sittauerstraße (Schwabelweis; ❾ K/L 7/8): Bürger- und Patrizierfamilie des 15. Jahrhunderts aus Regensburg mit größerem Besitz an Weinbergen in Schwabelweis (vgl. Sigenhofferstraße", „Uternagelstraße").

Sommestraße (Kasernenviertel; ⓫ H 10; zwischen Erbprinz-Franz-Joseph-Straße und Elferstraße): Aus der Gruppe „Militär und Militärs". Fluß in der Picardie/Nordfrankreich; Schauplatz bedeutender Schlachten während des Ersten Weltkriegs.

Sonderburger Straße (Konradsiedlung; ❺ I 5; zwischen Mühlhausener Straße und Posener Straße): Aus der Gruppe „Deutsche Nation". Stadt in Nordschleswig, von Deutschland im Friedensvertrag von Versailles an Dänemark abgetreten.

Sonnenstraße (Reinhausen; ❼ G 6; von der Nordgaustraße nach W): Eine Sonnenstraße gibt es nahezu in jeder Stadt. Bezüge zu den örtlichen Gegebenheiten sind nicht immer erkennbar. Möglicherweise hier die Lage am Südhang des Sallerner Bergs.

Sophie-Scholl-Straße (Burgweinting; ⓲ I/K 12; im SO des Neubaugebiets): Aus der Gruppe „Frauen". Sophie Scholl (1921–1943), Studentin, zusammen mit ihrem Bruder Hans Scholl und anderen, in der Gruppe „Weiße Rose", im Widerstand gegen den Nationalsozialismus und dafür hingerichtet.

Spandauer Straße (Kasernenviertel; ⓫ I 11; von der Benzstraße nach SO): Aus der Gruppe „Berlin".

Spatzengäßchen (Altstadt; ❶ E 8b): Die Gerber-Familie Spatz (vgl. „Gerbergasse") besaß hier im 18. Jahrhundert ein Anwesen.

Speerweg (Rennplatz; ⓯ C 8): Aus der Gruppe „Berühmte Regensburger 2". Martin Speer (1701–1765), gebürtig aus Wildsteig bei Rottenbuch/Oberbayern, ab 1743 in Regensburg. Maler des Barock mit umfangreicher Produktion in Regensburg und ganz Bayern.

Speichergasse (Altstadt; ❶ F 8d): In einem der Anwesen (heute: Speichergasse 2) befand sich früher ein Getreidespeicher, der dem benachbarten Stift der Alten Kapelle (vgl. „Kapellenweg") gehörte.

Spessartstraße (Sallerner Berg; ❹ F/G 6): Aus der Gruppe „Mittelgebirge in Mitteleuropa".

Spiegelgasse (Altstadt; ❶ F 8c): Nach dem früher hier bestehenden Gasthof „Zum Goldenen Spiegel" (heute: Spiegelgasse 4).

Spitalgasse (Stadtamhof; ❷ F 7): Hier befindet sich das Katharinen-Spital (vgl. „St.-Katharinen-Platz").

Spitalkellerweg (Steinweg; ❸ F 7; von der Alten Nürnberger Straße nach N): Nach der Lage an einem Bierkeller des Katharinen-Spitals (vgl. „St.-Katharinen-Platz"), das seit seiner Gründung Bier braut. Der Standort ergab sich aus der Hanglage an den Winzerer Höhen, die ideal für die Anlage von Kellern war. (Vgl. auch „Rabenkellerweg".) Angeschlossen ist – wie so oft (vgl. „Kellerweg") – eine Gaststätte (heute: Alte Nürnberger Straße 12).

Spitzwegstraße (Kumpfmühl; ⓭ D 9; zwischen Königswiesenweg und Klenzestraße): Aus der Gruppe „Bildende Künstler". Karl Spitzweg (1808–1885), Maler des Biedermeier.

St.-Albans-Gasse (Altstadt; ❶ F 8a): In einem der Anwesen (heute: Keplerstraße 20) befand sich im Mittelalter ein Seelhaus, eine klosterähnliche Gemeinschaft von Frauen mit karitativer Zielsetzung. Zu ihm gehörte eine Kapelle, die St. Alban geweiht war.

St.-Benedikt-Straße (Oberisling; ⓱ F/G 12): Aus der Gruppe „St. Emmeram in Oberisling". Daß es in Oberisling eine Pfarrkirche St. Benedikt gibt, verweist auf die jahrhundertelangen Beziehungen des Orts zum Benediktinerkloster St. Emmeram.

St.-Georgen-Platz (Altstadt; ❶ F 8b): Hier befand sich vom Mittelalter bis zur Säkularisation 1802/10 die kleine **Kapelle St. Georg und Afra**. Von ihr sind bauliche Überreste erhalten; daneben ein Stück der noch älteren **Römermauer**.

St.-Joseph-Straße (Reinhausen; ❼ G 7): Nach der Lage bei der Pfarrkirche St. Joseph in Reinhausen.

St.-Kassians-Platz (Altstadt; ❶ F 8d): Hier befindet sich die **Kirche St. Kassian**, die zu allen Zeiten in enger Beziehung zur Alten Kapelle und deren Stift stand und die deshalb wahrscheinlich ein ähnlich hohes Alter hat (vgl. „Kapellengasse").

St.-Katharinen-Platz (Stadtamhof; ❷ F 7): Hier befindet sich das Katharinen-Spital, gegründet 1212 zur Pflege von Armen, Alten und Kranken; heute ist ein reines Altersheim daraus geworden. Von den ursprünglichen Gebäuden ist das meiste durch Kriegseinwirkung 1809 (vgl. „Österreicherweg") zerstört worden, mit Ausnahme der **Spitalkirche**.

St.-Koloman-Weg (Harting; ⓲ M 12): Nach der Lage bei der Pfarrkirche St. Koloman in Harting.

St.-Konrad-Platz (Konradsiedlung; ❺ H 5): Nach der Lage bei der Pfarrkirche St. Konrad in der Konradsiedlung.

St.-Leonhards-Gasse (Altstadt; ❶ E 8b)/**St.-Leonhards-Platz** (Altstadt; ❶ E 8b): Hier befand sich die Kommende St. Leonhard des Johanniterordens, gegründet um 1250, säkularisiert und aufgelöst 1803. Seit 1886 betreibt der St.-Leonardi-Verein auf dem Anwesen ein Kinderheim; die **Kirche St. Leonhard** dient im wesentlichen den Schwestern, die es führen, für ihre Gottesdienste.

St.-Mihiel-Straße (Kasernenviertel; ⓫ H 10; von der Verdunstraße nach NO): Aus der Gruppe „Militär und Militärs". Stadt an der Maas/Nordfrankreich; Schauplatz bedeutender Schlachten während des Ersten Weltkriegs.

St.-Niklas-Straße (Ostenviertel; ❿ H 8; von der Adolf-Schmetzer-Straße nach SW): Nach der Lage beim ehemaligen Leprosenhaus St. Niklas, einer Sozialeinrichtung des Stifts Niedermünster für Leprakranke, gegründet im 12. Jahrhundert, aufgelöst im Zusammenhang mit der Säkularisation des Stifts 1802/10.

St.-Peters-Weg (Altstadt/Innenstadt; ❶ F 8/9): Früher verlief ein Teil dieser Straße als einer der sog. Zwingerwege (vgl. „Stahlzwingerweg") innerhalb der Stadt, der andere – nach Durchquerung des Peterstores – außerhalb, als Beginn der Fernverbindungen nach Landshut bzw. nach Augsburg (vgl. „Am Peterstor", „Landshuter Straße", „Augsburger Straße"). Der Name kommt von der Kirche Weih St. Peter, die an der Straße lag (außerhalb der Stadtmauern).

St.-Rupert-Straße (Schwabelweis; ❾ K 7/8): Aus der Gruppe „St. Emmeram in Schwabelweis". Neben der Grundherrschaft übte das Kloster St. Emmeram in Schwabelweis traditionell auch die Seelsorge aus. Die dortige Kirche war deshalb demselben Heiligen geweiht wie die Pfarrkirche des Klosters.

St.-Veit-Weg (Kumpfmühl; ⓭ E 10): Nach der Lage beim ehemaligen Kloster Prüll (vgl. „Karthaus-Prüll").

St.-Wolfgang-Straße (Kumpfmühl; ⓭ E 10): Nach der Lage bei der Pfarrkirche St. Wolfgang in Kumpfmühl.

Stadlerstraße (Unterisling; ⓱ H 12/13): Johann Stadler (1878–1949), Bauer aus Unterisling, machte bei der Feldarbeit immer wieder Funde aus der Vor- und Frühgeschichte und übergab sie zur wissenschaftlichen Auswertung dem Historischen Verein für Regensburg und Oberpfalz und dem städtischen Museum.

Stadtamhof (Stadtamhof; ❷ F 7): Hauptstraße des ehemals nicht zu Regensburg gehörigen Orts Stadtamhof. Stadtamhof, 981 zum ersten Mal erwähnt, war ab 1496 eine eigene Stadt (vgl. „Herzog-Albrecht-Straße") und wurde 1924 nach Regensburg eingemeindet. Der Name verweist darauf, daß der Ort sich als Siedlung bei einem Gutshof entwickelt hat (vgl. „An der Schierstadt").

Stadtfeldweg (Oberisling; ⓱ F/G 12): Flurname. Mögliche Erklärung: Das „Stadtfeld" liegt nordöstlich von Oberisling. In der Vergangenheit hieß das: Ganz in der Nähe befand sich die Grenze zum Territorium der Freien Reichsstadt Regensburg. (Vgl. auch „An der Kreuzbreite".)

Stahlzwingerweg (Altstadt; ❶ E 8b/d): Der Weg führte – wie etliche andere (vgl. „St.-Petersweg") – früher innerhalb der Stadtbefestigung entlang, die aus zwei hintereinander liegenden Mauern im Abstand von etwa zehn Metern bestand. Dazwischen lag eine Freifläche, die man den „Zwinger" nannte. Dieser war im Prinzip unbebaut; hier jedoch befanden sich ab 1652 die Schießstände der Armbrust-Schützengesellschaft „Zum großen Stahl". Die Stadtbefestigungen wurden im 19. Jahrhundert abgebaut; die Schützengesellschaft ist bis heute geblieben.

Steckgasse (Altstadt; ❶ F 8c): Ein Perückenmacher namens Steck besaß hier um die Wende vom 18. zum 19. Jahrhundert ein Anwesen (heute: Steckgasse 2).

Stefan-Zweig-Weg (Neuprüll; ⓭ E 11): Aus der Gruppe „Schriftsteller 1". Stefan Zweig (1881–1942), Schriftsteller der Moderne.

Steigerwaldstraße (Sallerner Berg; ❹ G 5): Aus der Gruppe „Mittelgebirge in Mitteleuropa".

Steiglehnerweg (Kumpfmühl; ⓭ E 10; zwischen Simmernstraße und Erzbischof-Buchberger-Allee): Aus der Gruppe „Katholisches Regensburg". Georg Christoph Steiglehner (1738–1819), ab 1759 mit dem Namen Cölestin Mönch des Klosters St. Emmeram; Naturwissenschaftler, Professor für Physik, Astronomie und Meteorologie an der Universität Ingolstadt 1781–1791; letzter Fürstabt des Reichsstifts St. Emmeram 1791–1802/10.

Steinäckerweg (Keilberg; ❻ L 6): Flurname. Verweis auf die Bodenbeschaffenheit auf der kargen Hochfläche von Keilberg.

Steinbrecherweg (Leoprechting; ⓱ E/F 12): Südlich von Leoprechting befand sich früher ein Steinbruch.

Steinergasse (Altstadt; ❶ F 8c): Eine Familie Steiner besaß hier um die Wende vom 18. zum 19. Jahrhundert ein Anwesen (heute: Steinergasse 4).

Steingrube (Gallingkofen; 4 F/G 5): Nach der Lage bei einem ehemaligen Kalksteinbruch. Er war im 17. und 18. Jahrhundert im Besitz der Freien Reichsstadt Regensburg (*nicht* aber seine Umgebung) und lieferte das Rohmaterial für Reparaturen an den öffentlichen Gebäuden.

Steinmetzstraße (Innerer Westen; 15 E 8; zwischen Prüfeninger Straße und Dechbettener Straße): Aus der Gruppe „Berühmte Regensburger 2". Georg Steinmetz (1850–1945), Lehrer, Erforscher der römischen Geschichte Regensburgs.

Steinweg (Steinweg; 2 3 F 7): Hauptstraße des ehemals nicht zu Regensburg gehörigen Orts Steinweg. Steinweg, 1320 zum ersten Mal erwähnt, wurde 1924 nach Regensburg eingemeindet. Der Name verweist auf den Zugang zum Ort von Stadtamhof her: Er führte durch das Sumpfgebiet des Protzenweihers (vgl. „Protzenweiher") und war deshalb mit Steinen befestigt.

Sternbergstraße (Innenstadt/Ostenviertel/Kasernenviertel; 1 10 11 G 9; zwischen Landshuter Straße und Furtmayrstraße): Aus der Gruppe „Berühmte Regensburger 1". Kaspar Maria Graf von Sternberg (1761–1823), gebürtig aus Prag, 1785–1810 in Regensburg. Vizepräsident der Landesdirektion im Fürstentum Regensburg 1803–1806 (vgl. „Dalbergstraße"). Sternberg war ein großer Förderer der Naturwissenschaften; sein Ziel war die Gründung einer Naturwissenschaftlichen Akademie in Regensburg – ein Ziel, das unerreicht blieb.

Stobäusplatz (Ostenviertel; 10 G 9): Aus der Gruppe „Berühmte Regensburger 1". Oskar von Stobäus (1830–1914), gebürtig aus Nördlingen/Schwaben, 1868–1903 in Regensburg. Erster Bürgermeister 1868–1903; Ehrenbürger der Stadt Regensburg 1886.

Stollenweg (Ziegetsdorf; 13 D 11; zwischen Schmellerstraße und An der Etz): Benannt nach der Lage. An den Hängen des Ziegetsberges wurde in der Vergangenheit zeitweise Kohle abgebaut. (Vgl. auch „Zechenweg".)

Stolzenbergstraße (Rennplatz; 15 B/C 8): Aus der Gruppe „Berühmte Regensburger 2". Christoph Stolzenberg (1690–1764), gebürtig aus Wertheim/Baden, ab 1714 in Regensburg. Kantor der protestantischen Kirche und Lehrer am protestantischen Gymnasium Poeticum 1714–1764; Komponist. – Ehrenreich Karl Stolzenberg (1721–1785), sein Sohn, gebürtig aus Regensburg. Lehrer am Gymnasium Poeticum 1750–1781, Kantor 1764–1781; Komponist.

Straßbreiten (Burgweinting; 18 I 11; im Dorf): Flurname. Verweis auf die Lage eines bestimmten Grundstücks an der Obertraublinger bzw. Landshuter Straße.

Straßburger Straße (Konradsiedlung; ❺ H/I 5/6; zwischen Brandlberger Straße und Mühlhausener Straße): Aus der Gruppe „Deutsche Nation". Stadt im Elsaß, von Deutschland im Friedensvertrag von Versailles an Frankreich abgetreten.

Straubinger Straße (Ostenviertel; ❿ H/I/K/L/M/N 8/9/10): Benannt nach dem Zielort. Eine der traditionellen mittelalterlichen Ausfallstraßen; Beginn der Fernverbindung nach Straubing. Der Verkehr verließ die Stadt dabei durch das Ostentor.

Straußgäßchen (Altstadt; ❶ F 8c/d): Nach dem früher hier bestehenden Gasthof „Zum Goldenen Strauß" (heute: Straußengäßchen 6).

Stromerstraße (Rennplatz; ⓯ C 9): Heinrich Stromer (um 1520), Arzt im Dienst der Herzöge von Bayern.

Stubaiweg (Konradsiedlung; ❺ H 5; von der Dolomitenstraße nach SW): Er befindet sich inmitten der Straßen, die, in der Gruppe „Deutsche Nation", an bedeutende Schlachten während des Ersten Weltkriegs erinnern. In den Stubaier Alpen, einem Gebirgszug in Tirol in Österreich, hat es damals jedoch keine Kämpfe gegeben, so daß der Name rein geographisch zu verstehen ist.

Sudetendeutsche Straße (Konradsiedlung; ❺ ❼ H 6; zwischen Isarstraße und Im Reichen Winkel): Aus der Gruppe „Deutsche Nation". Region in Tschechien außerhalb Deutschlands mit (ehemals) deutscher Bevölkerung und deutscher Vergangenheit.

Süssenbacherweg (Wutzlhofen; ❺ H 5): Aus der Gruppe „Bayerischer Wald 2: Vorwald".

Sulzbachweg (Brandlberg; ❻ I 6): Aus der Gruppe „Eisenindustrie in der Oberpfalz". Standort der Maxhütte bei Amberg.

Sulzfeldstraße (Irl; ❿ M 10): Flurname, der auf den früheren Charakter der Gegend unmittelbar an der Donau verweist („Sulze" = eigentlich „Salzwasser", aber auch allg. „wasserreiche, sumpfige Gegend").

T

Tändlergasse (Altstadt; ❶ F 8a/b/c): Früher lebten die Menschen vielfach nach Berufsgruppen zusammen. In dieser Gasse – und in der mit ihr ein kleines Viertel bildenden Kramgasse – waren die Tändler und Krämer ansässig, kleine Händler mit Läden, in denen sie alle möglichen Gegenstände des täglichen Lebens – „Tand" und „Kram" – zum Verkauf anboten.

Talblick (Keilberg; ❻ L 6): „Sprechender" Straßenname. Von der Straße, die am südlichen Ende der Hochfläche von Keilberg verläuft, hat man einen guten Fernblick ins Donautal.

Tannenweg (geplant) (Keilberg; ❻ L 6): Aus der Gruppe „Wald und Flur".

Tassiloweg (Königswiesen-Süd; ⓭ D 10): Aus der Gruppe „Mittelalter in Regensburg". Tassilo (ca. 741 – ca. 794), Herzog von Bayern 748–788. Tassilo wurde 788 vom fränkischen König (und bald auch Kaiser) Karl dem Großen abgesetzt, sein Herzogtum dessen Reich angegliedert. Für Regensburg bedeutete dies, daß die herzogliche Residenzstadt zu einer königlichen und kaiserlichen Residenzstadt aufstieg (vgl. „Alter Kornmarkt").

Taubengäßchen (Altstadt; ❶ F 8b): Nach dem früher hier bestehenden Gasthof „Zur Weißen Taube" (heute: Taubengäßchen 1).

Taunusstraße (Sallerner Berg; ❺ H 5/6): Aus der Gruppe „Mittelgebirge in Mitteleuropa".

Taxisstraße (Innerer Westen; ⓯ E 8d; zwischen Prüfeninger Straße und Dechbettener Straße): Aus der Gruppe „Thurn und Taxis 1: Schloß". Die Familie der Fürsten von Thurn und Taxis trug ursprünglich nur den Namen „Taxis", und zwar nach dem Monte Tasso, dem Hausberg des Orts Cornello bei Bergamo, wo ihre Ursprünge liegen. Erst 1649/50 wurde der Name zur heutigen Form erweitert.

Tegernheimer Schluchtweg (Keilberg; ❻ L 6): Benannt nach dem Zielort. Verlauf: von Keilberg in Richtung Tegernheim und der dortigen (geologisch höchst interessanten) Schlucht.

Tegernheimer Weg (Schwabelweis; ❾ K/L 8): Benannt nach dem Zielort. Verlauf: von Schwabelweis in Richtung Tegernheim. Seit der Industrieansiedlung östlich von Schwabelweis nicht mehr bis zum Zielort durchgehend.

Teplitzer Straße (Konradsiedlung; ❺ H 5/6; zwischen Marienbader Straße und Brüxer Straße): Aus der Gruppe „Deutsche Nation". Stadt im Sudetenland (Staat: Tschechien) außerhalb Deutschlands mit (ehemals) deutscher Bevölkerung und deutscher Vergangenheit.

Thannsteinweg (Rennplatz; (15) B 8): Aus der Gruppe „Berühmte Regensburger 2". Alto von Thannstein (gest. 1385), Abt des Klosters St. Emmeram.

Theodor-Heuss-Platz (Königswiesen-Süd; (13) D 11): Aus der Gruppe „Politiker des demokratischen Deutschland und Bayern". Theodor Heuss (1884–1963), Vorsitzender der FDP 1948–1949, Bundespräsident 1949–1959.

Theodor-Körner-Straße (Innerer Westen; (15) D/E 8; zwischen Schillerstraße und Lessingstraße): Aus der Gruppe „Schriftsteller 2". Theodor Körner (1791–1813), Schriftsteller der Romantik.

Theodor-Storm-Straße (Ganghofersiedlung; (13) E 10/11): Aus der Gruppe „Schriftsteller 1". Theodor Storm (1817–1888), norddeutscher Volks- und Heimatdichter.

Thomas-Dehler-Weg (Königswiesen-Süd; (13) D 11): Aus der Gruppe „Politiker des demokratischen Deutschland und Bayern". Thomas Dehler (1897–1967), Vorsitzender der FDP 1954–1961, Justizminister 1949–1953.

Thomas-Ried-Straße (Kasernenviertel; (11) H 9; zwischen Plato-Wild-Straße und Walderdorffstraße): Aus der Gruppe „Berühmte Regensburger 1". Thomas Ried (1773–1827), gebürtig aus Hohenburg/Oberpfalz, ab 1801 in Regensburg. Historiker und bischöflicher Archivar; Verfasser einer umfangreichen Urkundensammlung zur Geschichte der Bischöfe von Regensburg („Codex chronologico-diplomaticus Episcopatus Ratisbonensis", 1816).

Thorner Straße (Konradsiedlung; (5) I 6; zwischen Metzer Straße und Posener Straße): Aus der Gruppe „Deutsche Nation". Stadt in Westpreußen, von Deutschland im Friedensvertrag von Versailles an Polen abgetreten.

Thüringerstraße (Kasernenviertel; (11) H 10; von der Sachsenstraße nach SO): Aus der Gruppe „Germanisch-deutsche Volksstämme".

Thundorferstraße (Altstadt; (1) F 8b): Leo Tundorfer (gest. 1277), Angehöriger einer der großen Regensburger Bürger- und Patrizierfamilien des Mittelalters, Bischof von Regensburg 1262–1277. In seine Amtszeit fiel der Beschluß, den Dom im gotischen Stil neu zu bauen (vgl. „Domgarten").

Thurmayerstraße (Innerer Westen; (15) E 9; von der Hoppestraße nach W): Aus der Gruppe „Berühmte Regensburger 2". Johann Turmair, genannt Johannes Aventinus (1477–1534), gebürtig aus Abensberg/Niederbayern, ab 1529 in Regensburg. Erzieher der Söhne Herzog Albrechts IV. von Bayern; Verfasser der „Bairischen Chronik" (1533), der ersten nach Quellen gearbeiteten Geschichte Bayerns – weshalb Aventinus als „Vater der bayerischen Geschichtsschreibung" bezeichnet wird.

Thurnknopfstraße (geplant) (Weichs; ❽ G 7): Die Thurnknopf waren eine renommierte Geschütz- und Glockengießer-Familie im Regensburg des 16. Jahrhunderts.

Tillystraße (Kasernenviertel; ⓫ H 9/10; zwischen Hornstraße und Kleiberstraße): Aus der Gruppe „Militär und Militärs". Johann Tserclaes Graf von Tilly (1559–1632), bayerischer General und (zeitweise) kaiserlicher Generalissimus im Dreißigjährigen Krieg.

Töpferstraße (Steinweg; ❸ F 6; von der Lappersdorfer Straße nach O): Aus der Gruppe „Holz und Holzverarbeitung". Möglicher Bezug: Zum Brennen der Töpferware benötigt man Holz.

Toni-Pfülf-Weg (Burgweinting; ⓲ K 12; im S des Neubaugebiets): Aus der Gruppe „Frauen". Toni Pfülf (1877–1933), Politikerin (SPD); Mitglied des deutschen Reichstages (als eine der ersten Frauen) 1919–1933 für den Wahlkreis Niederbayern/Oberpfalz. Wohnhaft in München, war Pfülf häufig in Regensburg zu Besuch, wo sie eng mit Alfons Bayerer (vgl. „Alfons-Bayerer-Straße") zusammenarbeitete. Nach der Machtergreifung der Nationalsozialisten 1933 organisierte sie hier einen Protestzug, an dem 900 Menschen teilnahmen – eine Widerstandsaktion, die auf Jahre hinaus die letzte bleiben sollte; wenig später beging sie Selbstmord.

Traberweg (Prüfening; ⓯ B 8): Aus der Gruppe „Thurn und Taxis 3: Rennplatz".

Traubengasse (Steinweg; ❷ F 7): Nach der Lage bei der ehemaligen Weinschenke „Zur Blauen Traube" (heute: Steinweg 11). Die blaue Traube ist das Wappen von Steinweg und erinnert an den Weinbau, der früher in großem Stil an den Hängen der Winzerer Höhen betrieben wurde (vgl. „Auf der Winzerer Höhe").

Traublinger Weg (Harting; ⓲ M 12): Benannt nach dem Zielort. Verlauf: von Harting in Richtung Ober- und Niedertraubling. Seit der Ansiedlung des BMW-Werks ist nur noch ein kurzes (Anfangs-)Stück erhalten.

Tremmelhauser Weg (Ober-/Niederwinzer/Kager; ⓰ B/C 5/6): Benannt nach dem Zielort. Verlauf: von den Winzerer Höhen nach Tremmelhausen.

Trothengasse (Altstadt; ❶ G 8): Die Herkunft des Namens ist unklar. Vielleicht kommt er von einer ehemals hier ansässigen Familie, so wie es bei den umliegenden Straßen der Fall ist (vgl. „Trunzergasse", „Klostermeyergasse", „Gichtlgasse", „Schattenhofergasse", „Hallergasse", „Kalmünzergasse"). Ein so oder ähnlich klingender Familienname ist in Regensburg allerdings nicht überliefert.

Trunzergasse (Altstadt; ❶ G 8): Die Familie Trunzer besaß hier im 18. Jahrhundert ein Anwesen (heute: Trunzergasse 10).

Tucherstraße (Kasernenviertel; ⓫ H 9; zwischen Guerickestraße und Hochwartstraße): Aus der Gruppe „Berühmte Regensburger 1". Bürger- und Patrizierfamilie des Mittelalters aus Nürnberg. Ein Familienmitglied namens Martin Tucher lebte Anfang des 16. Jahrhunderts in Regensburg, wo er das „Goliathhaus" (heute: Goliathstraße 4) besaß. Bekannt ist auch das (kunsthistorisch bedeutsame) Grabmal seiner Frau Margarethe im Dom.

Tulpenweg (Kasernenviertel; ⓫ G 10; vom Unterislinger Weg nach O): Aus der Gruppe „Blumen".

Turfweg (Prüfening; ⓯ B 8): Aus der Gruppe „Thurn und Taxis 3: Rennplatz".

U

Udetstraße (Äußerer Westen; ⓯ C 8; zwischen Dornierstraße und Lilienthalstraße): Aus der Gruppe „Flieger und Flugzeugbauer". Ernst Udet (1896–1941), deutscher Jagd- und Kunstflieger.

Uferstraße (Reinhausen; ❼ F/G 6): Nach der Lage am Regen.

Uhlandstraße (Innerer Westen; ⓯ D 8; zwischen Schillerstraße und Rilkestraße): Aus der Gruppe „Schriftsteller 2". Ludwig Uhland (1787–1862), Schriftsteller der Romantik.

Ulmenstraße (Margaretenau; ⓯ D 9): Aus der Gruppe „Bäume".

Universitätsstraße (Galgenberg / Kumpfmühl / Neuprüll; ⓬ ⓭ E/F 9/10/11): Nach der Lage an der Universität.

Unter den Schwibbögen (Altstadt; ❶ F 8b): „Schwibbögen" verbinden über die Straße hinweg gegenüberstehende Häuser miteinander; sie dienen entweder zur gegenseitigen Stabilisierung oder – seltener – als Übergänge. Drei besonders große (und begehbare) gab es bis ins 19. Jahrhundert hinein in der Straße nördlich des Bischofshofs; sie sind zwar im 19. Jahrhundert verschwunden, der Straßenname dagegen blieb erhalten. – Heutzutage ist das 1885 freigelegte Stadttor aus der Römerzeit, die **Porta Praetoria**, der Blickfang in der Straße.

Untere Bachgasse (Altstadt; ❶ F 8 a/c): Hier floß früher der Stadtbach entlang (vgl. „Am Vitusbach"); seit dem 19. Jahrhundert ist er ins Kanalisationssystem verlegt. Südlich, weiter aufwärts, schließt die Obere Bachgasse an.

Untere Regenstraße (Reinhausen; ❼ G 7): Nach der Lage unmittelbar am Regen. Flußaufwärts schließt die Obere Regenstraße an.

Unterer Ehweg (Harting; ⓲ M/N 12): Aus der Gruppe „Dorf Harting". Zur Erläuterung: „Eh" = „Aue"; der Weg liegt an einem Bach. Weiter bachaufwärts schließt der Obere Ehweg an.

Unterislinger Weg (Kasernenviertel/Galgenberg/Ober-/Unterisling; ⓫ ⓬ ⓱ G/H 10/11/12/13/14): Benannt nach dem Zielort. Verlauf: Abzweigung von der Landshuter Straße nach Unterisling. Das erste Teilstück wurde später in „Hermann-Geib-Straße" umbenannt. – Der ehemals nicht zu Regensburg gehörige Ort Unterisling, 1293 zum ersten Mal erwähnt, wurde 1977 nach Regensburg eingemeindet. Er entstand als Tochtersiedlung des deutlich älteren Isling, das zum Zweck der Unterscheidung in der Folge zunehmend als „Oberisling" bezeichnet wurde (vgl. „Islinger Weg").

Unterzellweg (Wutzlhofen; ❹ H 5): Aus der Gruppe „Bayerischer Wald 2: Vorwald".

Urbanstraße (Reinhausen; ❼ G 7; von der Donaustaufer Straße nach S): Hans Urban (gest. 1915), Baumeister. – Bezug: Urban plante und erstellte die Bebauung entlang der Straße.

Utastraße (Westheim; ⓯ C 7): Aus der Gruppe „Frauen des mittelalterlichen Regensburg". Uta (gest. 1025), Äbtissin von Niedermünster 1002–1025. In ihrem Auftrag entstand das sogenannte Uta-Evangeliar, ein Meisterwerk mittelalterlicher Regensburger Buchmalerei.

Uternagelstraße (Schwabelweis; ❾ K 8): Flurname. Ehemaliger Weinberg im Besitz der Regensburger Familie Sittauer (vgl. „Sittauerstraße").

V

Verdunstraße (Kasernenviertel; ⓫ H 10; zwischen Erbprinz-Franz-Joseph-Straße und Burgunderstraße): Aus der Gruppe „Militär und Militärs". Stadt an der Maas/Nordfrankreich; Schauplatz bedeutender Schlachten während des Ersten Weltkriegs.

Viereimergasse (Altstadt; ❶ F 8d): Am Nordende der Gasse, auf dem Kassiansplatz, befand sich früher ein Ziehbrunnen mit vier Eimern. Der neue Brunnen, der heute am Südende der Gasse steht, hat mit ihm nichts zu tun.

Viktor-von-Scheffel-Straße (Ganghofersiedlung; ⓭ E 10/11): Aus der Gruppe „Schriftsteller 1". Victor von Scheffel (1826–1886), Schriftsteller des Realismus.

Villastraße (Ostenviertel; ❿ G 8): Nach der Lage bei der **königlichen Villa**. Sie wurde in den Jahren 1854 bis 1856 auf Initiative König Maximilians II. von Bayern errichtet, als repräsentative Residenz bei Besuchen der bayerischen Könige in Regensburg. Solche Besuche waren jedoch sehr selten, so daß die Villa praktisch unbenutzt blieb. Seit 1918 im Besitz des bayerischen Staats.

Vilshofener Straße (Hohes Kreuz; ❿ I 9): Aus der Gruppe „Donaustädte".

Vilsstraße (Weichs; ❽ H 7; von der Donaustaufer Straße nach S): Aus der Gruppe „Flüsse in Bayern".

Vintlweg (Leoprechting; ⓱ F 13): Möglicherweise nach Vintl, Ort im Pustertal in Südtirol. – Der Bezug zu den örtlichen Gegebenheiten ist unklar.

Vitusstraße (Ganghofersiedlung; ⓭ E 10/11): Nach der Lage beim ehemaligen Kloster Prüll (vgl. „Karthaus-Prüll").

Vogelbeerweg (Keilberg; ❻ L 5): Aus der Gruppe „Wald und Flur".

Vogesenstraße (Konradsiedlung; ❺ H 5; zwischen Ardennenstraße und Wutzlhofen): Aus der Gruppe „Deutsche Nation". Gebirgszug im nordöstlichen Frankreich; Schauplatz bedeutender Schlachten während des Ersten Weltkriegs.

Von-Brettreich-Straße (Innerer Westen; ⓯ D/E 9; von der Liskircherstraße nach S): Aus der Gruppe „Berühmte Regensburger 2". Friedrich von Brettreich (1858–1938), gebürtig aus Bamberg/Oberfranken, in Regensburg 1884–1885 und 1905–1907. Verwaltungsbeamter; Regierungspräsident des Bezirks Oberpfalz 1905–1907; Ehrenbürger der Stadt Regensburg 1907. Nach seinem Weggang aus Regensburg bayerischer Innenminister 1907–1912 und 1916–1918.

Von-der-Tann-Straße (Altstadt; ❶ F/G 8): Ursprünglich „Krautererweg", nach den hier ansässigen Stadtbauern (vgl. „Krauterermarkt"). 1885 umbenannt, nach Ludwig Freiherr von und zu der Tann (1815–1881), General, Teilnehmer des deutschen Kriegs 1866 und des deutsch-französischen Kriegs 1870/71; Inhaber des in Regensburg stationierten 11. Bayerischen Infanterieregiments, das seinen Namen trug (vgl. Gruppe „Militär und Militärs").

Von-Donle-Straße (Ostenviertel; ❿ H 8; von der Prinz-Ludwig-Straße nach N): Aus der Gruppe „Berühmte Regensburger 1". Ludwig Friedrich Karl von Donle (1869–1942), gebürtig aus Schweinfurt/Unterfranken, ab 1918 in Regensburg. Vorstandsvorsitzender und Generaldirektor des „Bayerischen Lloyd, Schiffahrts-AG Regensburg" 1918–1939; Präsident der Industrie- und Handelskammer Regensburg 1922–1923.

Von-Reiner-Straße (Kasernenviertel; ⓫ G 9/10; von der Alfons-Auer-Straße nach NO): Aus der Gruppe „Militär und Militärs". Ein gewisser Georg von Reiner aus Regensburg fiel 1916 in der Somme-Schlacht des Ersten Weltkriegs (vgl. „Sommestraße").

Von-Richthofen-Straße (Ganghofersiedlung; ⓭; D/E 10/11; zwischen Boelckestraße und Otto-Wels-Straße): Aus der Gruppe „Jagdflieger im Ersten Weltkrieg". Manfred von Richthofen (1892–1918).

Von-Schenk-Straße (Ziegetsdorf; ⓭ D 11; von der Augsburger Straße nach W): Eduard von Schenk (1788–1841), Jurist, bayerischer Innenminister 1828–1831, Regierungspräsident des Bezirks Oberpfalz 1831–1841. Schenk gehörte zum einflußreichen „Sailerkreis" (vgl. „Sailerstraße"). Ehrenbürger der Stadt Regensburg 1838.

Von-Seeckt-Straße (Kasernenviertel; ⓫ H 10; zwischen Sachsenstraße und Bajuwarenstraße): Aus der Gruppe „Militär und Militärs". Hans von Seeckt (1866–1936), General, Kommandant der Reichswehr 1920–1926.

Vor der Grieb (Altstadt; ❶ F 8a): Der Straßenname ist aus einem Hausnamen entstanden, nämlich aus „In der Grub" (heute: Hinter der Grieb 8/Vor der Grieb 1). Mögliche Erklärung: Vor dem Bau des Hauses hat es hier eine Vertiefung gegeben, die mit dem in der Nähe vorbeifließenden Stadtbach zu tun gehabt haben könnte; in diesem Fall wäre der Name *älter* als das Haus. Oder: Der Innenhof des Anwesens, relativ eng, umgeben von hohen Mauern, ließ an eine Grube denken; in diesem Fall wäre der Name *jünger* als das Haus. – Das Haus selbst, ein klassisches mittelalterliches Patrizierhaus, heißt nach der seinerzeitigen Besitzerfamilie bis heute **Gravenreutherhaus**.

Vordere Keilbergstraße (Keilberg; ❻ K/L 5/6): Nach der Lage am – von der Regensburger Innenstadt aus gesehen – vorderen Ende von Keilberg.

Vorlandweg (Harting; ⓲ M 12): Aus der Gruppe „Dorf Harting". Der Flurname erklärt sich vielleicht durch die Betrachtung des Geländes vom ehemaligen Gutshof in Harting aus.

W

Waaggäßchen (Altstadt; ❶ F 8a): Hier befand sich die Waage der Freien Reichsstadt Regensburg (vgl. „Neue-Waag-Gasse“).

Wacholderweg (Keilberg; ❻ L 5): Aus der Gruppe „Wald und Flur“.

Waffnergasse (Altstadt; ❶ F 8/9): Früher lebten die Menschen vielfach nach Berufsgruppen zusammen. Hier waren die Waffenschmiede ansässig.

Wagnergasse (Oberisling; ⓱ G 12): In einem der hiesigen Anwesen (heute: Wagnergasse 1 und 2) war früher ein Wagner-Betrieb ansässig. Heute befindet sich darin eine Schreinerei.

Wahlenstraße (Altstadt; ❶ F 8a/c): Früher lebten die Menschen vielfach nach Berufsgruppen zusammen. Hier waren ausländische Kaufleute ansässig, vor allem Italiener. Sie wurden die „Welschen“ genannt; deshalb „Welschen-“, oder „Wahlenstraße“. Neben ihnen lebten Regensburger Patrizierfamilien; ihre Anwesen sind bis heute an ihren Statussymbolen, den Geschlechtertürmen, zu erkennen. Eindrucksvollstes Beispiel: der **Goldene Turm**.

Walderdorffstraße (Kasernenviertel; ⓫ H 9; zwischen Safferlingstraße und Runtingerstraße): Aus der Gruppe „Berühmte Regensburger 1“. Hugo Graf von Walderdorff (1828–1918), gebürtig aus Frankfurt am Main, ab 1930 in Hauzenstein bei Regensburg. Historiker; Vorsitzender des Historischen Vereins für Oberpfalz und Regensburg; Verfasser des Werks „Regensburg in seiner Vergangenheit und Gegenwart“ (1896).

Waldschmidtstraße (Ganghofersiedlung; ⓭ E 10): Aus der Gruppe „Schriftsteller 1“. Maximilian Schmidt, genannt Waldschmidt (1832–1919), bayerischer Volks- und Heimatdichter.

Waldvereinsweg (Prüfening; ⓯ B 9): Nach dem Bayerischen Waldverein. – Der Bezug zu den örtlichen Gegebenheiten ist unklar.

Waldweg (Burgweinting; ⓲ I/K 12; im SO des Neubaugebiets): Die ersten Straßen im Neubaugebiet Burgweinting wurden einfach „Langer“ und „Kurzer Weg“ genannt. In einer zweiten Etappe der Namengebung verwendete man Flurnamen bzw. orientierte sich – wie hier – an der landschaftlichen Umgebung.

Waldweidenweg (Graß; ⓱ D 12): Flurname. Verweis auf frühere landwirtschaftliche Nutzung.

Walhalla Allee (Weichs; ❽ G/H/I 7): Benannt nach dem Zielort. Verlauf: von Weichs in Richtung Walhalla, d. h. Donaustauf. Im 20. Jahrhundert geschaffene Alternative für den Verkehr auf der Donaustaufer Straße. (Zum traditionellen Verlauf vgl. „Donaustaufer Straße“.)

Wartenbergweg (Königswiesen-Süd; ⓭ D 10): Franz Wilhelm von Wartenberg (1593–1661), Bischof von Osnabrück 1625–1661, von Minden 1629–1661, von Verden 1630–1661, von Regensburg 1649–1661, Kardinal 1660. Wartenberg gehörte zu den führenden Persönlichkeiten der katholischen Gegenreformation.

Wassergasse (Stadtamhof; ❷ F 7): Nach der Lage am nördlichen Ufer der Donau (deren Wasser früher, vor der Umsetzung verschiedener Hochwasserschutzmaßnahmen, wesentlich näher an die Gasse heranreichte).

Watmarkt (Altstadt; ❶ F 8a/b): Hier befand sich früher der Tuch- und Texitilienmarkt („Wat" = „Kleidung"). Trotz seiner räumlichen Enge gehörte er zu den wichtigen Plätzen in Regensburg, wie an verschiedenen Patrizierhäusern, vor allem an dem der Familie Baumburger mit dem eindrucksvollen **Baumburger Turm**, zu erkennen ist.

Watzlikstraße (Ziegetsdorf; ⓭ D 11; von der Schmellerstraße nach W): Aus der Gruppe „Schriftsteller 1". Hans Watzlik (1879–1948), bayerischer Volks- und Heimatdichter. Watzlik starb in Tremmelhausen bei Regensburg.

Wehrlochweg (Niederwinzer; ⓰ D 6/7): Benannt nach der Lage. „Wehrloch" hieß die Stelle an der Spitze des Oberen Wöhrds, wo die Regensburger ab Anfang des 14. Jahrhunderts verschiedene Dämme bauten, um das Donauwasser zum größten Teil in den südlichen Donauarm zu leiten. Damit wollte die Freie Reichsstadt Regensburg der bayerischen Stadt Stadtamhof das Wasser abgraben und sie vom Profit an der lukrativen Handelsschiffahrt ausschließen. (Vgl. auch „Am Beschlächt".)

Weichser Damm (Weichs; ❽ H 8): Benannt nach der Lage und der Funktion. Lage: Am Donauufer südlich von Weichs. Funktion: Hochwasserschutz.

Weichser Radiweg (geplant) (Weichs; ❽ G 7): Weichs mit seinem fruchtbaren Boden war im 19. und zu Beginn des 20. Jahrhunderts eines der wichtigsten deutschen Anbaugebiete für Gemüse (vgl. „Am Wurzgarten", „Gärtnerstraße") und vor allem für Rettich, den berühmten „Weichser Radi". Mit der Verstädterung in den letzten Jahrzehnten verschwand der Anbau.

Weichser Schloßgasse (Weichs; ❽ H 8; zwischen Grabengasse und Gärtnerstraße): Nach der Lage beim ehemaligen **Schloß** von Weichs. Dieses war seit dem Mittelalter im Besitz verschiedener adeliger Familien, zeitweise auch an Regensburger Bürger- und Patrizierfamilien verpfändet; vom 17. bis Anfang des 19. Jahrhunderts amtierte hier ein Landrichter des Herzogs von Bayern. Seitdem ist es ein Wohnhaus.

Weichser Weg (Weichs; ❽ H 7): Hauptstraße des ehemals nicht zu Regensburg gehörigen Orts Weichs. Weichs, 888 zum ersten Mal erwähnt, wurde 1924 nach Regensburg eingemeindet. Der Name, in alten Urkunden „Wihs", bedeutet „Dorf".

Weidener Straße (Haslbach; ❹ H/I 3): Aus der Gruppe „Traditionelle Industriestädte in Nordostbayern". Standort der Porzellan- und der Textilindustrie.

Weiherweg (Ziegetsdorf; ⓭ D 11; von der Augsburger Straße nach SO): Flurname. Verweis auf den früheren Wasserreichtum der Gegend (vgl. „Karthaus-Prüll").

Weinbeckstraße (Schwabelweis; ❾ K/L 7/8): Michael Weinbeck (1851–1929), Bürgermeister von Schwabelweis vor dessen Eingemeindung nach Regensburg 1924.

Weinbergstraße (Schwabelweis; ❾ K/L 7): Aus der Gruppe „St. Emmeram in Schwabelweis". Das Kloster St. Emmeram (und andere Grundbesitzer; vgl. „Sittauerstraße", „Sigenhofferstraße", „Uternagelstraße") baute früher in der Umgebung von Schwabelweis Wein an.

Weingartenstraße (Oberisling; ⓲ F/G 12): Aus der Gruppe „St. Emmeram in Oberisling". Das Kloster St. Emmeram baute früher in der Umgebung von Oberisling Wein an.

Weingasse (Altstadt; ❶ F 8a): Das gewerbliche Zentrum von Regensburg befand sich früher auf der Achse vom Kohlenmarkt zum Haidplatz. Manche Märkte lagen jedoch abseits davon, so der Weinmarkt, der an der Donau abgehalten wurde (vgl. „Am Weinmarkt"). Seine Anbindung an die innerstädtische Platzfolge und die dortigen Märkte war die Weingasse. (Vgl. ähnlich „Fischgässel" für den Fischmarkt, „Schmerbühl" für den Fleischmarkt.)

Weinmannstraße (Äußerer Westen; ⓯ C 8; von der Puricellistraße nach S): Aus der Gruppe „Berühmte Regensburger 2". Johann Wilhelm Weinmann (1683–1741), gebürtig aus Gardelegen/Brandenburg, ab 1712 in Regensburg. Apotheker und Botaniker, Sammler von ca. 9000 Pflanzen aus dem In- und Ausland, Verfasser des Werks „Phytantoza Iconographia", eines aufwendig illustrierten Pflanzenatlas (1737–1749).

Weintingergasse (Altstadt; ❶ E 8b): Die Bürger- und Patrizierfamilie Weintinger besaß hier im Mittelalter ein Anwesen.

Weinweg (Innerer/Äußerer Westen; ⓯ C/D 7; von der Clermont-Ferrand-Allee nach NW): An den Hängen der Winzerer Höhen wurde schon in römischer Zeit Wein angebaut. Die Verarbeitung der geernteten Trauben fand damals auf dem südlichen Donauufer statt. (Vgl. auch „Winzerweg".)

Weinzierlstraße (Konradsiedlung; ❺ G/H 6; zwischen Erzgebirgstraße und Hopfengartenweg): Inmitten der Wohnviertel im Norden von Regensburg gibt es einige wenige Straßennamen, die an eine Zeit erinnern, als hier nur ein paar landwirtschaftliche Einrichtungen bestanden. So verweist die „Weinzierlstraße" darauf, daß es Weinbau gab („Weinzierl" = „Weinbauer"). (Vgl. auch „Hopfengartenweg".)

Weißbräuhausgasse (Altstadt; ❶ F 8d): Nach dem früher hier bestehenden Brauhaus für Weißbier (heute: Weißbräuhausgasse 2) mit zugehöriger Gastwirtschaft (heute: Schwarze-Bären-Straße 6).

Weißdornweg (Keilberg; ❻ L 5): Aus der Gruppe „Wald und Flur".

Weiße-Hahnen-Gasse (Altstadt; ❶ F 8b): Nach dem früher hier bestehenden Gasthof „Zum Weißen Hahn" (heute: Unter den Schwibbögen 1). Die Gaststube war im Mittelalter eine **Kapelle**, wie an ihrem Deckengewölbe zu erkennen ist.

Weiße-Lamm-Gasse (Altstadt; ❶ F 8b): Nach dem früher hier bestehenden Gasthof „Zum Weißen Lamm" (heute: Weiße-Hahnen-Gasse 2). Er war eine der ersten Adressen in Regensburg; zahlreiche berühmte Persönlichkeiten waren hier zu Gast (z. B. Johann Wolfgang von Goethe, Wolfgang Amadeus Mozart, Joseph Haydn, August Bebel).

Weiße-Lilien-Straße (Altstadt; ❶ F 8d): Nach dem früher hier bestehenden Gasthof „Zur Weißen Lilie" (heute: Weiße-Lilien-Straße 13).

Weißenburgstraße (Ostenviertel; ❿ G 8/9): Aus der Gruppe „Gründerzeit". Schauplatz einer Schlacht im deutsch-französischen Krieg 1870/71.

Weißgerbergraben (Altstadt; ❶ F 8a): Früher lebten die Menschen vielfach nach Berufsgruppen zusammen. Hier waren Handwerker ansässig, die Leder produzierten, und zwar feines Leder. (Vgl. auch „Gerbergasse", „Lederergasse".) – Die Bezeichnung „Graben" verweist darauf, daß die Stadt einst hier mit Mauer und Graben endete (vgl. „Arnulfsplatz").

Weitoldstraße (Altstadt; ❶ E 8b): Eine Familie Weitold besaß hier vom Mittelalter bis ins 17. Jahrhundert ein Anwesen.

Welfenweg (Königswiesen-Süd; ⓭ D 10): Aus der Gruppe „Mittelalter in Regensburg". Aus dem Geschlecht der Welfen kamen zwischen 1096 und 1180 die Herzöge von Bayern. Für Regensburg am bedeutendsten war Heinrich der Stolze (vgl. „Herzog-Heinrich-Straße").

Wendlerstraße (Innerer Westen; ⓯ D 8; zwischen Seiffertstraße und Obermaierstraße): Aus der Gruppe „Berühmte Regensburger 2". Georg Wendler (17. Jh.), Schreib- und Rechenmeister, Verfasser des Rechenbuchs „Arithmetica Practica".

Werftstraße (Unterer Wöhrd; ❶ F/G 8): Nach der Lage an der ehemaligen Werft der „Ersten Kaiserlich-Königlich Privilegierten Donau-Dampfschiffahrtsgesellschaft" aus Österreich, die im 19. Jahrhundert eine flußabwärts führende Schiffahrtslinie betrieb. (Vgl. auch „Am Winterhafen".) Die Werft wurde 1910 im Zusammenhang mit der Eröffnung des Luitpold-Hafens (vgl. „Prinz-Ludwig-Straße") geschlossen.

Werner-Heisenberg-Straße (Ostenviertel; ❿ K 10; von der Kremser Straße nach S): Aus der Gruppe „Erfinder und Entdecker". Werner Heisenberg (1901–1976), Physiker; Forschungen zur Quantenphysik.

Wernerwerkstraße (Äußerer Westen; ⓯ C 8): Nach der Lage am Werk der Werner Siemens AG.

Westendstraße (Innerer Westen; ⓯ E 7): Nach der Lage in der Siedlung Prebrunn (vgl. „Prebrunnstraße"), d. h. am ehemaligen westlichen Stadtrand.

Westheim (Westheim; ⓯ C 7): Benannt nach der Lage. Erschließungsstraße der Siedlung Westheim.

Widmannweg (Prüfening; ⓯ B 8/9): Aus der Gruppe „Berühmte Regensburger 2". Leonhard Widmann (ca. 1490–1557), gebürtig aus Tegernheim/Oberpfalz, ab 1511 in Regensburg. Chronist; Verfasser von Tagebüchern (erhalten 1511–1543 und 1552–1555), die eine wichtige Quelle zum Alltagsleben dieser Zeit darstellen.

Wiener Straße (Ostenviertel; ❿ H/I/K 8; von der Linzer Straße nach O): Aus der Gruppe „Donaustädte".

Wiesäckerweg (Oberisling; ⓱ F 12): Flurname. Verweis auf frühere landwirtschaftliche Nutzung.

Wiesenweg (Harting; ⓲ M 12): Aus der Gruppe „Dorf Harting".

Wieshuberstraße (Reinhausen; ❼ G 6/7; von der Donaustaufer Straße nach N): Michael Wieshuber, Pfarrer von Sallern, zu dessen Pfarrsprengel auch Reinhausen gehörte; Initiator des Baus der nahegelegenen Pfarrkirche St. Joseph in Reinhausen (1906–1912). (Vgl. auch „Wimmerstraße".)

Wiesmeierweg (Altstadt; ❶ E 8d): Die Familie Wiesmeier besaß hier im 17. und 18. Jahrhundert ein Anwesen.

Wildbachweg (Reinhausen; ❼ H 7; von der Höllbachstraße nach O): Aus der Gruppe „Flüsse in Bayern".

Wilhelm-Busch-Straße (Ganghofersiedlung; ⓭ E 10): Aus der Gruppe „Schriftsteller 1". Wilhelm Busch (1832–1908), Maler, Zeichner und Schriftsteller, Verfasser von Bildergeschichten.

Wilhelm-Hoegner-Weg (Königswiesen-Süd; ⓭ D 10): Aus der Gruppe „Politiker des demokratischen Deutschland und Bayern". Wilhelm Hoegner (1887–1980), bayerischer Ministerpräsident (SPD) 1945–1946 und 1954–1957, „Vater der bayerischen Verfassung".

Wilhelm-Leibl-Weg (Kumpfmühl; ⓭ E 10; zwischen Eigenheimweg und Erzbischof-Buchberger-Allee): Aus der Gruppe „Bildende Künstler". Wilhelm Leibl (1844–1900), Maler des Realismus.

Wilhelm-Raabe-Straße (Ganghofersiedlung; ⓭ E 10/11): Aus der Gruppe „Schriftsteller 1". Wilhelm Raabe (1831–1910), Schriftsteller des Realismus.

Wilhelmstraße (Innerer Westen; ⓯ E 8/9; von der Prüfeninger Straße nach S): Als in der Gründerzeit westlich und östlich der Altstadt neue Wohnviertel entstanden (vgl. Gruppe „Gründerzeit"), wurden unter anderem auch die seinerzeitigen Herrscher verewigt. Hier: der deutsche Kaiser Wilhelm I. (1797–1888, Regierungszeit 1871–1888). (Vgl. auch „Augustenstraße", „Luitpoldstraße", „Wittelsbacherstraße".)

Wimmerstraße (geplant) (Reinhausen; ❼ G 6): Joseph Wimmer, nach der Fertigstellung der Pfarrkirche St. Joseph (1912) erster Pfarrer von Reinhausen (das vorher zum Pfarrsprengel Sallern gehört hatte). (Vgl. auch „Wieshuberstraße".)

Winkelfeldweg (Oberisling; ⓲ F/G 12): Flurname. Verweis auf frühere landwirtschaftliche Nutzung und auf den Zuschnitt eines Grundstücks.

Winklergasse (Altstadt; ❶ E 8b): Eine Familie Winkler besaß hier im Mittelalter ein Anwesen.

Winzersteig (Niederwinzer; ⓰ C/D 6): An den Hängen der Winzerer Höhen wurde früher Wein angebaut. Die Tradition endete, als im 17. und 18. Jahrhundert der Wein vom Bier verdrängt wurde. (Vgl. auch „Auf der Winzerer Höhe".)

Winzerweg (Innerer Westen; ⓯ D 7; vom Weinweg nach N): An den Hängen der Winzerer Höhen wurde schon in römischer Zeit Wein angebaut. Die Verarbeitung der geernteten Trauben fand damals auf dem südlichen Donauufer statt. (Vgl. auch „Weinweg".)

Wittelsbacherstraße (Innerer Westen; ⓯ E 8d; zwischen Platz der Einheit und Kumpfmühler Straße): Als in der Gründerzeit westlich und östlich der Altstadt neue Wohnviertel entstanden (vgl. Gruppe „Gründerzeit"), wurden unter anderem auch die seinerzeitigen Herrscher verewigt. Hier: die Familie der Könige von Bayern. (Vgl. auch „Luitpoldstraße", „Wilhelmstraße", Augustenstraße".)

Wittweg (Rennplatz; ⓯ C 8): Aus der Gruppe „Berühmte Regensburger 2". Franz Xaver Witt (1834–1888), gebürtig aus Walderbach/Oberpfalz, 1850–1870 in Regensburg als Kirchenmusiker und Chorleiter. Nach seinem Weggang aus Regensburg Domkapellmeister in Eichstätt. Witt hat entscheidend zur Verbreitung der kirchenmusikalischen Reformideen Karl Proskes (vgl. „Proskestraße") beigetragen.

Wöhrdstraße (Unterer Wöhrd; ❶ F/G 8): Nach der Lage auf dem Unteren Wöhrd.

Wörnitzstraße (geplant) (Weichs; ❽ H 7): Aus der Gruppe „Flüsse in Bayern".

Wolframstraße (Ziegetsdorf; ⓭ D/E 11; von der Augsburger Straße nach NO): Aus der Gruppe „Schriftsteller 1". Wolfram von Eschenbach (ca. 1170 – ca. 1220), Dichter und Epiker des Mittelalters.

Wolfsteinerstraße (Königswiesen-Süd; ⓭ D 11): Aus der Gruppe „Mittelalter in Regensburg". Bürger- und Patrizierfamilie. Besonders bedeutend: Wilhelm von Wolfstein, Bürgermeister 1423–1429.

Wollerweg (Königswiesen-Süd; ⓭ D 10): Aus der Gruppe „Mittelalter in Regensburg". Bürger- und Patrizierfamilie. Besonders bedeutend: die Brüder Ulrich und Otto Woller (14. Jh.). Der eine war zu seiner Zeit der reichste Bürger, der andere Schultheiß.

Wollwirkergasse (Altstadt; ❶ E 8b): Früher lebten die Menschen vielfach nach Berufsgruppen zusammen. Hier waren Handwerker ansässig, die aus Wolle Tuch herstellten.

Würmstraße (Reinhausen; ❼ I 6; von der Isarstraße nach S): Aus der Gruppe „Flüsse in Bayern".

Württembergstraße (Innerer Westen; ⓯ E 7/8): Nach der Lage beim **Württembergischen Palais**. Dieses war ursprünglich der Wohnsitz von Georg Friedrich Müller (vgl. „Müllerstraße"). Müller starb kinderlos; sein Palais fiel an seinen Herrn, Fürst Maximilian Karl von Thurn und Taxis. Er überließ es seiner Schwester Maria Sophie, einer verheirateten Herzogin von Württemberg. Im 20. Jahrhundert ging der Besitz an die Stadt Regensburg über; heute befindet sich hier das Naturkundemuseum.

Würzburger Straße (Pfaffenstein; ❷ ❸ E 7; von der Frankenstraße nach S und N): Aus der Gruppe „Städte in Franken".

Wutzlhofen (Wutzlhofen; ❺ H/I 5): Hauptstraße des ehemals nicht zu Regensburg gehörigen Orts Wutzlhofen. Wutzlhofen, zu Beginn des 13. Jahrhunderts zum ersten Mal erwähnt, wurde 1924 nach Regensburg eingemeindet. Der Name weist auf einen gewissen Utzo hin, der hier einen Hof besessen hat.

Y

Yorckstraße (Äußerer Westen; ⓯ C 9; von der Lilienthalstraße nach NO): Aus der Gruppe „Befreiungskriege". Johann David Ludwig von Yorck von Wartenburg (1759–1830), preußischer General.

Z

Zandtengasse (Altstadt; ❶ F 8a): Ein Zweig der Bürger- und Patrizierfamilie Zandt hatte hier im Mittelalter seinen Wohnsitz, und zwar im Eckhaus Keplerstraße/Zandtengasse (heute: Keplerstraße 11, „Zum Pelikan"). – Bemerkenswert ist, daß der Name der Gasse in den Quellen jahrhundertelang als „Zandt*in*gasse" vorkommt, also in weiblicher Form. Der Grund dafür ist unbekannt.

Zechenweg (Ziegetsdorf; ⓭ D 11; zwischen Merkurstraße und Hadamarstraße): Benannt nach der Lage. An den Hängen des Ziegetsberges wurde in der Vergangenheit zeitweise Kohle abgebaut. (Vgl. auch „Stollenweg".)

Zehentstraße (Oberisling; ⓱ G 12): Aus der Gruppe „St. Emmeram in Oberisling". In einem der Anwesen (heute: Zehentstraße 1) befand sich früher der Zehentstadel. Hier wurden die Abgaben gesammelt, die die Bauern von Oberisling dem Kloster St. Emmeram zu leisten hatten. Zum Gesamtkomplex gehörte auch der Zehenthof (vgl. „Hanngasse").

Zeißstraße (Kasernenviertel; ⓫ H/I 9/10; von der Landshuter Straße nach NO): Aus der Gruppe „Erfinder und Entdecker". Carl Zeiß (1816–1888), Optiker; Gründer der Carl-Zeiß-Werke.

Zeitlarner Weg (Haslbach/Ödenthal; ❹ G/H 2/3): Benannt nach dem Zielort. Verlauf: von Haslbach über Ödenthal in Richtung Zeitlarn.

Zieblandstraße (Innerer Westen; ⓯ D 8; vom Hochweg nach N): Aus der Gruppe „Berühmte Regensburger 2". Georg Friedrich Ziebland (1800–1873), gebürtig aus Regensburg, ab 1813 in München. Architekt mit verschiedenen Aufträgen König Ludwigs I. von Bayern; Professor für Architektur an der Bayerischen Akademie der Künste in München.

Ziegelweg (Kasernenviertel; ⓫ G 10): Benannt nach dem Zielort. Verbindung von der Hermann-Geib-Straße zur ehemaligen Ziegelei Mayer (heute: Unterislinger Weg 17).

Ziegetsdorfer Straße (Dechbetten/Königswiesen-Süd/Neuprüll; ⓭ ⓮ C/D 9/10/11): Benannt nach dem Zielort. Verlauf: von Dechbetten nach Ziegetsdorf.

Zieglhof (Burgweinting; ⓲ K 13): Die Bezeichnung ist eigentlich ein Haus- und kein Straßenname, und zwar für eine Einöde südlich von Burgweinting. Sie besteht im Grunde nur aus einem einzigen Hof; dessen Name scheint von einem der Besitzer abgeleitet zu sein.

Zieroldsplatz (Altstadt; ❶ F 8a): Ein städtischer Verwaltungsangestellter namens Zierold besaß hier im 18. Jahrhundert ein Anwesen (heute: entweder Zieroldsplatz 2 oder Fischgässel 4).

Zimmerstraße (Weichs; ❽ I 7; von der Donaustaufer Straße nach S): Karl Zimmer (1871–1922), Besitzer eines Sägewerks in Schwabelweis, zeitlebens sozial stark engagiert.

Zirklstraße (Prüfening; ⓯ B 8): Aus der Gruppe „Widerstand". Josef Zirkl (1875–1945), gebürtig aus Oberteuerding bei Kelheim/Niederbayern, ab 1921 in Regensburg, Arbeiter. Zirkl nahm an der Demonstration teil, die sich in Regensburg im April 1945 spontan organisierte und zur kampflosen Übergabe der Stadt an die amerikanischen Truppen aufrief. Die nationalsozialistischen Machthaber ließen ihn – zusammen mit Dr. Johann Maier (vgl. „Dr.-Johann-Maier-Straße") – noch während der Kundgebung verhaften, standrechtlich verurteilen und in der folgenden Nacht auf dem Moltkeplatz (vgl. „Dachauplatz") hinrichten. (Vgl. auch „Lottnerstraße".)

Zirngiblstraße (Kumpfmühl; ⓭ D/E 9; von der Reithmayrstraße nach O): Aus der Gruppe „Katholisches Regensburg". Joseph Zirngibl (1740–1816), ab 1758 mit dem Namen Roman Mönch im Kloster St. Emmeram; Historiker, Archivar seines Klosters (bis 1802), des Fürstentums Regensburg unter Karl Theodor von Dalberg (vgl. „Dalbergstraße") (1803–1810) und des bayerischen Staates (1812–1816).

Zollerstraße (Kasernenviertel; ⓫ F/G 9; von der Sternbergstraße nach W): Aus der Gruppe „Berühmte Regensburger 1". Friedrich Johann Daniel Alois Baron von Zoller (1762–1821), gebürtig aus Baden-Baden/Baden, ab 1810 in Regensburg. Kommandeur des seit dem Übergang Regensburgs an Bayern 1810 in der Stadt stationierten 4. Bayerischen Linien-Infanterieregiments „Salern" bzw. „Herzog von Sachsen-Altenburg" 1810–1821.

Zum Artmannhof (Oberisling; ⓱ G 14): Die Bezeichnung ist eigentlich ein Haus- und kein Straßenname, und zwar für eine Einöde südlich von Oberisling. Sie besteht im Grunde nur aus einem einzigen Hof, der traditionell im Besitz der Familie Artmann ist.

Zur Hohen Linie (Keilberg; ❻ L 5/6): Nach der Lage auf dem Grat des Keilbergs.

Zur Schönen Aussicht (Dechbetten; ⓮ C 9): „Sprechender" Straßenname. Die Straße liegt am Nordhang der Platte, einer Erhebung bei Dechbetten; von dort aus hat man einen schönen Fernblick auf das Donautal.

Zur Schönen Gelegenheit (Altstadt; ❶ E/F 8): „Sprechender" Straßenname. Im früheren Sprachgebrauch bedeutete „Gelegenheit" einfach „Lage", was sich in diesem Fall auf das hinterste Haus der Gasse bezieht, das sie zur Donau hin abschließt (heute: Weintingergasse 9). Auf dessen Nordseite fällt das Gelände ziemlich steil zum Fluß hin ab, so daß man als Bewohner eine gute Aussicht hatte, vor allem zu Zeiten, als die Bebauung ringsum noch lockerer war.

Zwerchpaintstraße (Schwabelweis; ❾ K 8): Flurname. Ehemaliger Weinberg.